瓶颈理论打破企业管理固有旧思维，企业文化方能长青
TOC核心步骤助推企业文化建设落地，实践中持续创新

文化长青

企业文化持续建设四步骤

仲杰◎著

企业管理出版社
ENTERPRISE MANAGEMENT PUBLISHING HOUSE

图书在版编目（ＣＩＰ）数据

文化长青：企业文化持续建设四步骤/仲杰著．--

北京：企业管理出版社，2017.1

ISBN 978-7-5164-1447-7

Ⅰ．①文… Ⅱ．①仲… Ⅲ．①企业文化—建设—研究

Ⅳ．① F272-05

中国版本图书馆 CIP 数据核字 (2017) 第 001412 号

书　　　名：文化长青：企业文化持续建设四步骤

作　　　者：仲　杰

责任编辑：宋可力

书　　　号：ISBN 978-7-5164-1447-7

出版发行：企业管理出版社

地　　　址：北京市海淀区紫竹院南路17号　　邮编：100048

网　　　址：http://www.emph.cn

电　　　话：编辑部（010）68416775　　总编室（010）68701719

　　　　　　发行部（010）68701816

电子信箱：qygl002@sina.com

印　　　刷：中煤（北京）印务有限公司

经　　　销：新华书店

规　　　格：710mm×1000mm　　1/16　　8印张　　122千字

版　　　次：2017年1月第1版　　2017年1月第1次印刷

定　　　价：39.80元

前言

加强企业文化建设，实现可持续发展

在世界文明的发展过程中，始终伴随着生产文明的发展。讲生产力就一定要讲经济发展。不论世界经济是高速、健康发展，还是低速、低迷发展，都始终伴随着社会文明的发展。社会文明的进步才是一切经济文明发展的目标。所以，企业的建设和发展一定要符合社会以及经济文明发展的要求，否则，就会被淘汰。

全世界范围内，百年企业并不多，我们中国民营企业的平均寿命是 6.7 年，导致这样的结果，除了企业的经营问题外，还有一个非常重要的问题，就是大多数企业在发展过程中，对于市场推广、设备、人力、技术、工作环境的投入从不吝啬，但对企业文化建设的投入却很少。

有些企业的经营者和员工非常认可企业文化的重要作用，但是，在做的过程中却抱怨不断。这是为什么呢？虽然他们在工作的过程中能够感受到企业文化，但他们不知道如何有步骤地去建设企业文化。能够感觉到但不知道如何建设它，这就使企业文化建设变得不可控，只能任其自由发展。

本书通过第一章，帮助大家揭开企业文化的神秘感，让大家了解企业文化。

从本书的第二章到第五章，讲述了进行企业文化建设的四个持续改善步骤，让企业文化建设不再是一句空话。第二章主要讲了如何让企业文化以有形的方式彰显在我们面前。第三章告诉我们如何构建企业文化的基础。第四章告诉我们如何利用好已有的文化建设资源，而不是闭门造车式地设计企业文化，而忽略了企业文化在推行过程中的困难，这样是不利于企业文化的建设工作的。第五章列举了很多先进的企业文化建设工具，通过这些工具，我们就可以建造"企业文化大厦"。后记讲述了企业文化的建设过程是一个持续改善、进步的过程，绝不能一蹴而就，也不能止步不前。当我们的企业文化建设的第一阶段目标完成后，我们应该确定新的目标并进行持续建设。

综上所述，企业文化建设的前提是认识到企业文化的存在。然后，分步骤、有计划地进行企业文化建设。企业文化持续建设四步骤是：第一步，识别企业文化，让企业文化可以触摸到；第二步，彰显企业文化，构建企业文化建设的根基，为企业文化的全面建设做准备；第三步，迁就企业文化，避免人为地制造企业文化建设的障碍，将问题逐个消灭；第四步，松绑企业文化，通过先进的工具，让企业文化有效地建设起来。企业文化建设是一个持续改善的过程，不是一个短期项目，当企业文化建设略有成效的时候，要及时地发现新的问题，然后，再一次从第一步开始持续改善企业文化。

　　由于本人才疏学浅，本书的不足、失误和疏漏之处在所难免，欢迎专家学者、广大读者交流指正，我的微信号是：TOCPRC。

目　录

第 一 章

对企业文化解密

本章导读

第一节　有人就有文化

我们知道，一个企业的构成不只是机器设备、厂房、物料，更为重要的就是人，在企业构成五元素中排在第一位的就是人（企业构成五元素：人、机、料、法、环），可见，人是多么重要。那么，我们应该采取什么样的管理体系，高效地管理人这项资源呢？除了设计出一整套企业管理制度和标准流程，制订出较为公平、严谨的考核方案和奖罚制度，还要构建符合企业发展的企业文化。

一、看不见不代表不存在

在现实生活中，不论是大型的集团企业，还是小型的生产企业，都非常重视文化建设工作。因为他们知道企业文化于企业的重要意义。我们大多数的企业虽然没有感受过优秀的企业文化对企业的运营有何影响，却非常清楚一个存在问题的企业文化给企业带来的损害有多大。

（一）企业文化是一种能量

企业文化是一种能量，它可以推动人做出正确的事情，所以，企业文化非常宝贵。很多企业希望能够通过企业文化提升企业的经营管理水平，从而让企业赚更多的钱。其实，赚钱只是次要的目的，企业本身需要的是一种正能量，通过这个正能量来唤起人们内心深处的善良、激情等。总之，好的企业文化就应该是充满正能量的，绝不是一个用来赚钱的工具，也不是用来忽悠人的利器。

企业文化作为一种能量，其实一直都存在于人们的内心深处，我们只需要不断地弘扬正能量，不断地将负能量驱离，剩下的正能量就是企业所需要的。这时，我们就要对正能量进行收集，当其收集到一定的程度时，它自然会对同类的能量进行吸引。当这种能量聚集得越来越多的时候，我们弘扬的企业文化就会发展得越来越好。所以，企业文化的建设过程一定是从低谷到高潮，直到其自行发展。

（二）企业文化需要标明

世间有很多事物需要我们开发，但是，任何事物都存在正反两面。能量存在于世间，也是以正能量和负能量两种形式存在的，只要我们发现了某种正能量，就会出现与之相对应的负能量，并且有多么大的正能量，就存在多么大的负能量。"文化"作为一种能量形式，自然也存在正、负能量。做企业文化建设，就是要提倡正能量，反对负能量。当我们发现企业中存在较为严重的负能量的时候，我们所要做的事情，就是进行正确的标示，让大家明白哪些是企业所提倡的，哪些是企业所反对的，并且对所有存在的文化进行标示。标示就是贴上标签，让大家知道什么是我们的斗争对象，什么是我们的消灭对象，什么是我们所珍惜、倡导的文化。

（三）企业文化要系统融合

我们要正确地标示出企业存在的每一种文化元素，然后通过系统地设计与整合，将充满正能量的文化融合在一起，依靠强大的吸引力战胜负能量，从而实现企业文化的高效率建设。

当各种正、负能量零散地存在的时候，我们是很难有效地用正能量去战胜负能量的。因为它们散落在企业文化中，它们的存在本身就是很无奈的，这就是为什么很多企业文化的建设过程很像是在作秀，或者是停留在表面宣传上的主要原因。因为我们本身就没有对企业所提倡的企业文化进行系统整合，将其整合成为一个整体。当企业文化成为一个整体时，企业存在的任何错误文化、负面文化就较容易被消灭了，并且我们在每一次文化建设过程中都能看到负面文化被消灭、所倡导文化的不断壮大。

如何让企业文化这种能量融合在一起呢？那就需要对它们进行连接。其实，企业所提倡的企业文化元素之间都存在一定的逻辑关系，我们只需要按照逻辑关系进行融合即可。

（四）企业文化要传递

能量是以正、负能量两种形式存在的，当我们要激发正能量的时候，就必然会产生正、负能量间的碰撞。当企业提出正确的企业文化的时候，就一定会产生对其的抵触，这就是正、负能量的碰撞。这种碰撞不是一次定输赢，而是在反反复复地进行着，所以，企业文化的建设过程就是一场持久战，必胜的法宝就是"坚持"。

为什么企业文化需要传递呢？因为企业文化作为一种能量，它要想壮大就必须不断地和负能量文化进行碰撞，而完成这种正、负能量的碰撞，就需要我们不断地进行正能量传输，通过源源不断地输送正能量，从而将负能量打压下去。所以，企业在进行企业文化建设的时候，一定要不断倡导正确的企业文化。一种能力的传递是需要工具的，就像电流的传递需要电线一样，传递工具决定了企业文化传递的效率。所以，企业在进行企业文化建设的过程中一定要有方法，一定要有工具。

二、企业文化信仰不是文化迷信

企业的经营需要一个积极向上的、充满正能量的企业文化。因为具备了这种企业文化后，企业就可以减少人为制造的异常问题，同时还可以加快异常问题的发现和解决效率。

（一）信仰的威力

企业在经营的过程中不可避免地会遇到这样或者那样的问题。如何及时发现问题需要健全的管理流程和管理基础数据，而解决问题则需要科学的管理工具和精准的解决方案。而这一切只是基础，只是让我们武装起来与问题作斗争的武装设备，只是让我们有能力去解决问题，但不等于为了解决问题，我们愿意为之付出任何代价。很多企业希望通过物质激励的方法，让人们乐意去面对问题、解决问题，而不是逃避问题。可是，物质激励唤起的可能只有激情，而解决问题需要的不光是激情，还要有毅力和坚持。

能够激发一个人去面对问题很容易，让一个人为了解决问题承受痛苦却很难，因为人们都会算一笔账，那就是我们解决这个问题将承受什么样的磨难，成功后可以获得多少物质激励，这样做是否值得。当人的思考方式进入到这个区间后，问题的解决就变成了买卖关系，这时，我们很难确保问题解决得及时、有效。

为什么会这样呢？因为物质的价值是变化的，同样的物质激励，当我们的付出少的时候，物质激励就变得非常有价值，而当我们的付出多的时候，物质激励就变得非常低廉。

企业文化作为企业员工的信仰，它的最大威力就在于坚持。这就是为什么世间的任何困难，当我们以物质撬动它的时候，我们需要算好价值账，当我们以信仰撬动它的时候，一切都变得非常值得。

（二）迷信的危害

迷信和信仰是两个完全不同的概念，信仰可以给人以动力，而迷信给人的只是迷茫。如何鉴别我们是有企业文化信仰的企业，还是一家有文化迷信的企业呢？方法很简单，就是看你是否尊重现实，尊重科学。当违背现实和科学的时候，就是一种迷信行为。例如，有一家轴承生产企业决定建设新的厂房，购买更多的设备，招聘更多的员工。这本身是一件好事，但是，企业为了节省预算，没有请专业的设计人员帮助企业进行生产线设施规划设计，虽然当时别人给了他们很多这方面的建议，他们依然认为这种没有难度的事情没有必要花费金钱找人设计。最后，企业按照自己的想法进行了现场设备规划。问题最终还是发生了：由于现在企业的生产规模远高于旧厂，设备数量却是旧厂的数倍，很多冲床摆在一起，导致厂房内噪音超过 100 分贝，很多员工都因此选择离职。在噪音非常严重的情况下，作业人员处于非常烦躁的状态，安全事故、质量事故每日都在发生。面对这样的问题，企业认为是员工克服困难的意志不够坚定，于是开始进行企业文化的宣导，希望能够让员工忘掉噪音。这个企业的董事长当时说过的一句最不科学的话就是："我们要将噪音当成交响乐。"这个时候，希望通过企业文化实现这个目标，本身就是不尊重现实和科学，是一种明显的企业文化迷信行为。

从这个例子中，我们可以明白一个道理，那就是企业文化是为了创造一个积极向上的、充满正能量的工作环境，而绝不是作为一种麻痹员工大脑的邪门歪道。

企业为什么需要管理？因为人存在多样的行为。所以，一切管理表面上看，有对产品的管理，对加工设备的管理，对加工工艺的管理，对物流的管理等，但实际上，管理的最终对象就是人。因为只有人是行为多样的、不确定的，而设备、厂房和物料、工艺等都是稳定的、听从管理的。人是一切经营行为的主体，人又是极不稳定的，所以，企业需要管理。人的不稳定分为两种，一种是做对事，另一种是做错事。对于做对事，我们没有必要进行管理，但是，当人做错事的时候，我们就需要管理。由此可见，企业管理的最终目标就是维护正能量，让人们做对的事。企业的管理流程、作业标准等就是为了让人少一些犯错的机会，而企业文化就是要创造充满正能量的工作环境，让员工对错事产生畏惧之心。迷信本身是不尊重现实的，所以，它必然无法建造充满正能量的环境。

（三）管理问题是一个整体，不能拆开看

企业管理面对的是一个非常复杂的系统，其中包括人力资源系统、财务系统、设备技术系统、工艺管理系统、质量管控系统、信息管理系统等。面对这么多复杂的系统，只是依靠某个数据评估或者管理模式，

恐怕很难实现大幅度的管理提升。企业经营需要的是一整套完善、高效的管理系统，这个系统的运行需要各种子系统的维护，这其中就包括企业文化。这些子系统互相缠绕在一起，它们解决各种异常问题以及面对市场挑战的能力，取决于它们中最弱的管理子系统。我们往往在进行企业运营系统建设的过程中忽略了一个非常重要的子系统，那就是企业文化系统。管理问题是一个整体，不能拆开看。违背了这个原则，就是一种不科学的管理行为。

第二节　企业的外部文化和内部文化

　　谈到企业文化建设，就一定要弄清楚什么是企业文化。企业文化是企业的一种无形的内在律法，这个律法不像企业的行政考核以及绩效考核那样明确而详细，当员工触犯了某一项条款的时候，我们都可以对其行为进行量化奖罚，企业文化管理是存在于企业中却又无法进行量化管理的。这也是企业文化为什么难管理的主要原因。

　　企业在进行运营管理的过程中，通过制订出一系列的标准和流程，可以提升人们的工作效率，也可以让人们能够正确地完成工作，但是，前提条件是他们愿意去做好事情。在企业管理过程中，有些管理甚至会演变成企业内部的"人际斗争"。这些东西的存在就会严重影响企业的执行力。如何提升企业的执行力呢？就是要在企业中建立一整套充满正能量的、与企业的各项管理制度共存的企业文化。为了体现企业文化管理的可操作性，同时，也为了让阅读本书的读者能够更好地完成企业文化的管理工作，我在这里特地将企业的各项管理制度和企业的文化分离开，这样有利于大家更好地学习如何进行企业文化建设。其实，企业的文化来源于很多因素，我将其分为企业外部文化和内部文化。

一、企业外部文化

（一）企业外部文化分类

企业外部文化是指那些来源于企业外部的文化因素，是企业不可抗拒的因素，企业只能对其进行合理的利用。例如，企业所在地的地区文化、民俗文化、客户文化等。

（二）地区文化的影响

地区文化已经深入到当地的每个人的骨子里了，这种文化自然会被带到企业中，也会被带到企业的经营过程中。例如，我们国家有些地区的人特别豪放，说话非常直接；而有些地区的人说话办事比较细腻，这就会产生两种人文的冲击。所以，很多企业在各地建厂的时候，发现他们过去的一些办事方法换了一个地方就行不通了，这就是一种地区文化的不融合。

（三）民俗文化的影响

中国各地存在不同的民俗民风，企业必须对之加以了解和利用，如此，才能给企业带来意想不到的收获。

案例分享1：传统要尊重

我们知道，中国人对传统的中秋节非常重视，其重视程度仅次于春节。可是，有家公司在中秋节只给员工放了半天假。结果，问题出现了——大量的员工提出请假，员工和公司之间产生了矛盾，这时，公司的管理人员左右为难：如果他批准了那些员工的请假要求，就会有更多的员工来向他请假；如果不同意他们的请假要求，就会使员工和公司之间产生矛盾，这个矛盾不知哪一天就会爆发。

很多民营企业之所以员工流失率高，主要原因就是员工们认为这家企业只是众多可以赚钱的企业中的一家，并不能成为他们生活中的一部分，因为企业根本不关心他们的生活，企业在赚钱的过程中不经意间影响了员工的生活质量。如果员工在企业中工作，发现企业影响了他们的生活质量的时候，他们就会对企业产生逆反心理，最后就是离职换一家公司工作。所以，如果想让员工的工作成为他们生活中的一部分，我们就必须研究当地的民俗文化，并且融入其中。

案例分享2：真心换真情

在苏州有一家企业主要生产电子产品。这家企业的员工流失率相对较低。在用工荒较严重的今天，很多企业由于员工缺口较大，造成大量生产线无法开工，很多企业都迁往中国的人口大省。这家企业不是很有钱，他们生产的产品也没有多大的利润。所以，他们不可能不停地给员工涨工资，但是，这家企业的员工的流失率却非常低，很多员工的亲戚朋友都愿意到这家企业来上班。这是怎么回事呢？原来，这家企业会在中国的不同节日进行庆祝，并且给员工发放一些礼品。例如，在母亲节的时候，企业会给每个员工发放100元的超市卡，让员工购买礼品，并且帮员工快递回家。父母拿到这些礼品首先是在亲戚朋友间夸奖自己的孩子多么懂事，然后，就是对企业的赞许，这都会让别人产生羡慕。区区100元钱能做什么？如果将这100元钱加到员工的工资里，作用能有这么大吗？还有就是在中秋节等一些节日，企业会发月饼，给加班的员工加餐，办一场晚会或者游园活动等。甚至在"三·八妇女节"的时候，他们会给所有女员工放半天假。如果女员工继续上班，给双倍工资，并且还有专门的纪念品等。

看到这里，很多人可能开始算经济账了。我可以告诉大家，这些根本花不了企业多少钱，如果拿涨工资来对比的话，100元钱根本产生不了多少竞争优势，而且，企业还省去了大量的人员招聘费用，加之新招聘员工生产效率低，本身也会增加生产成本。这就是不同企业对中国民

真心换真情

俗文化的理解和有效利用。

（四）客户文化的影响

很多企业家告诉我，他们的企业没有企业文化。这样的说法是错误的，一个企业不会没有企业文化，只能是说这个企业没有进行科学的企业文化管理，他们是任由企业文化"自由生长"，所以，每个企业都有企业文化，只是这个企业文化对于企业来讲是有益的或是无益的区别。

我们知道，客户是企业的上帝，这不是宣传出来的，是现实不断教育我们、告诉我们的。那么，客户文化对企业也会存在影响。凡是在客户那里存在的文化，不论是对的，还是错误的，都是客户喜欢的。如何迎合客户的爱好，这是每个企业都应熟练掌握的基本功。在这个迎合的过程中就一定会产生妥协，产生影响。首先，我要否定一件事，那就是并非所有来自于客户的就一定是正确的。如果一个企业赚钱赚到如此盲目，那么，客户在与我们合作的过程中不只是给我们金钱，同时还将病毒传染给我们，所以，企业要学会识别客户的文化。对于那些错误的文化，我们要抵制和引导。企业的发展逻辑应该是：先成长、进步，然后不断地扩大市场，而不是先不断地扩大市场，然后再成长、再进步。

案例分享3：选对客户如同选对朋友

在浙江温州有这么一家企业，他们主要生产供暖工程使用的零部件。这家企业非常有趣，一家企业有两个品牌，两套厂房，两支团队。换句话说，是一家公司的名号，两家公司的运作。这家公司当初是由兄弟俩创建的，创建之初非常困难，一开始他们是靠租借别人的厂房中的一个区域起家的。当时兄弟俩的感情非常好，双方都将自己的所有财产投入到这家企业中。可是，随着企业的逐渐发展，兄弟两个人产生了矛盾。当时他们的最大客户是浙江的一家民营企业，他们是给这家民营企业做配套产品的。这家企业的董事长也就是兄弟俩中的哥哥，而总经理也就是弟弟。弟弟认为市场不错，他们应该继续和那家浙江企业拉近关系，尽量满足他们的要求，通过降低成本和增加产量来挽回利润上的损失。而哥哥认为这家浙江企业的文化有问题，经常压价和拖欠货款，虽然签订了销售

选对客户如同选对朋友

合同，但经常性地单方面毁约和修改合同，导致他们也不得不拖欠供应商的欠款。浙江的这家企业还要求他们生产一些不符合行业质量规定的产品，只是为了能够获得更多的利润。因此，哥哥认为没有必要继续与这样的企业合作，他们应该选择与正规的企业合作。弟弟则极力反对。最后，兄弟二人不得已分了家，很自然地，浙江这家客户就分给了弟弟。后来，哥哥不断地选择与优秀客户合作，并在企业内部的管理和技术升级方面狠下功夫。作为弟弟的总经理不断地扩大和那家浙江企业的合作。有一段时间，哥哥的生意远不如弟弟，还曾经为了发工资和弟弟借过钱。哥哥建立的企业不断和外资企业合作，按照外资企业的要求不断提升自己的技术和管理水平，同时借鉴了外资企业的企业文化管理，两年后，哥哥的企业开始超越了弟弟的企业。最后，弟弟的企业因经营不善，屡次出现质量问题而倒闭了；而哥哥的企业由于产品质量好，通过几年的时间创造出一定的品牌效应，经营得非常好，而且，企业的管理水平在当地同等民营企业中算是较高的。

上文中的案例就是要告诉大家，客户文化对企业的影响也是非常大的。因此，我们也需要慎重地对待客户文化。

二、企业内部文化

（一）企业内部文化的分类

企业内部文化是指企业在运营的过程中所产生的文化，这部分文化需要企业在日常管理的过程中不断地进行改善和正确引导。换句话说，企业内部文化是可以进行修改和引导的。例如，年龄段分布、行政制度、厂房布局，等等。

（二）员工年龄段对企业内部文化的影响

员工年龄段分布的不同对于企业文化的影响最大，如果员工的平均年龄很年轻的话，那么，企业的最大特点就是充满激情，不论工作多么劳累，员工虽然会有所埋怨，但大家依然会忙在其中、乐在其中，因为对于那些二十多岁和三十多岁的人来讲，他们最需要的就是能够得到这个社会对他们的认可，他们喜欢充实的生活，他们喜欢表现自己的才能，所以，这个年龄段的人是最为单纯和充满活力、乐观精神的。对于一个需要活力和激情的企业而言，我认为，如果能够拥有这样一个年龄段的团队，那么，企业的动力将会很足，因为这个年龄段的人胆大、不怕失败。对于处于不同发展阶段的企业来说，员工年龄段的比例要求是完全不一样的，这与企业的实际管理水平和战略发展需要密切相关。

（三）企业行政管理对企业内部文化的影响

我们可以把企业行政文化理解为一种通过企业制订出来的管理制度和行政方案。我们知道，制度对于一个企业来讲是必不可少的管理工具之一，企业通过管理制度告诉大家什么是企业认可的，什么是企业所反对甚至是严令禁止的，明确地告诉员工不要犯哪些错，从而不至于给企业和个人带来损失。这些制度在制订的同时也释放出企业喜欢什么、反对什么的信息，这些信息最终就会形成企业文化中的一部分。很多企业的管理者们在执法过程中的效率和态度同样也会产生这方面的影响。所以，企业在制订企业文化和执行某些制度的过程中都要考虑到它们对企业文化的影响。下面，我们通过案例来进行进一步的讲解。

案例分享 4：错误的制度改变了一切

在无锡有一家生产服装配件的企业，其已建立八年多了。起初，这家企业发展得非常快，后来，企业的发展速度却慢下来了。很多过去不如它的企业都如雨后春笋般发展起来了，而这家企业却一直萎靡不振。企业的总经理决定二次创业。他听了很多关于企业执行力和领导力之类的课程。总经理通过课堂上的学习，认为应该给企业增加一些"温暖"，让员工找到回家的感觉，从而提升员工的执行力。总经理花了大量金钱改造员工的宿舍，所有的宿舍都安上了空调和热水器，宿舍的地板砖和各种设施都是高价购买的品牌产品。企业的食堂按照肯德基的标准设计建造。等到一切都弄完了后，总经理非常满意。很可惜的是，员工的整体素质并不高，很快，食堂和宿舍就被他们弄得一团糟。总经理决定颁布各项制度，采取明码标价的方式让员工对被他们弄坏的东西进行赔偿，同时，对于一些不讲卫生的行为进行罚款。奇怪的事情发生了，那么漂

错误的制度改变了一切

亮的、免费可以居住的宿舍大部分都是空的，而员工大多选择在外租房居住。员工对企业产生了反感，甚至很多员工都陆续辞职。

这家企业的员工的工资在同行中属于中等偏下，所以，企业只能招聘大量中年妇女。此外，员工每天的工作强度很高，他们经常加班。对于这些员工来讲，能够很好地休息强过一切。而且，这些员工大多都已成家，他们都希望一家人能住在一起。这家企业将宿舍和食堂装修好本身是没有错的，但是，企业要对员工的行为进行规范，不只是进行负面的罚款，同时，还要进行奖励。很显然，这家企业的总经理完全采用罚款的方式进行处理，还忽略了员工真正的需求。

企业在颁布各项行政制度的时候，一定要考虑好对企业文化的正、负两方面的影响。其实，制订一项奖罚制度很简单，最好是让其正能量多一些。所以，企业在制订罚款的同时，也要制订充满积极性的奖励措施，多奖励、少罚款是最有利于企业文化建设的，只有这样，企业文化才能充满正能量。

（四）工厂布局对企业内部文化的影响

工厂布局对一家企业的内部文化也有一定的影响。我见过一家企业新厂房的设计图，这张设计图是请一家非常有名的设计公司设计的，这家设计公司很好地利用了土地，尤其是绿化带和休息区设计得非常巧妙，让人一看心情就格外舒畅。

有家企业为了防止员工偷窃原材料，于是，将企业建成跟一所监狱似的，给人一种非常压抑的感觉。在这家企业工作的员工一旦遇到工作上的问题，我想他们的情绪是非常容易急躁的。

总之，如果可以使企业的心情舒畅，内心能够获得来自外界的阳光、自信、欢快等正能量，那么，这个工厂布局就是非常好的；如果企业的环境让企业感觉阴森、沮丧，内心深处感受到来自外界的说不出的压力与浮躁的负能量，这就代表企业的布局不太好。

第 二 章

识别文化——提炼
企业文化目标

本章导读

第一节　设定目标，持续改善

一、企业文化建设是一个循序渐进的过程

我们知道，企业文化建设工作一直以来都是企业经营管理中非常重要的一部分，很多企业在进行企业文化建设的时候，只是一味地设计企业的文化内容，而忽略了企业文化建设工作就是一个循序渐进、持续改善的过程。很多时候，企业在做企业文化的时候，往往已经经营了较长的一段时间，我们要做的事情主要还是对企业存在的企业文化进行改善和调整，对于那些正确的、值得传承的地方要继续保持和优化，而对于那些需要修正的地方要进行有序的改善。

二、找到解决企业文化问题的关键点

企业文化的建设过程就像一个不断成长的生命体，不管你是否有针对性地对它进行引导，它都会成长。随着企业文化的成长和发展，很多错误的观念、思想都会被保留下来，到最后，想进行修改就变得非常难。很多企业管理者认为自己的企业文化是空白的，这是对企业文化的错误理解，就像一个人从出生的那天起，他在成长的过程中也在不断地形成他的思想和观念、价值理念等，随着年龄的不断增长，这个人的个性就会越来越明显。这个时候，如果我们想改变这个人的一些思想和观念就变得非常困难。

要想从我们的企业文化中寻找出瓶颈，我们就要将企业看作一个不断成长的生命体，企业文化随着这个生命体的不断生长，产生一些新文化或固化一些旧的文化特性。

三、企业文化建设也要有目标

企业文化建设不是一个无目标的改善项目。很多企业家之所以抱怨自己公司的企业文化建设难，主要原因是他们的企业文化建设是一个没有目标的工程，不论你如何努力都很难有结果。当然，也有企业在进行企业文化建设的过程中，会增加一些企业文化建设的目标，这些目标很多时候不是抄别人的，就是临时想出来的，结果很难对企业有所提升和改变。只有确立了企业文化目标，我们才能根据实际情况，寻找到企业文化建设的瓶颈，然后进行改善。

第二节 企业愿景和使命的目标提炼

一、坚定的愿景

（一）及时树立一个愿景

一家企业建立以后，没有人只打算经营几年赚点钱就完事了，即便当初建立者是这样考虑的，但是，经过一段时间的经营，我想他的想法也会发生改变。有的企业家形象地将企业比喻成自己的子女，他精心地呵护着他的企业，希望他的企业能够发展壮大，就像对自己子女的期望一样。当然，现实是残酷的，很多企业（尤其是民营企业）经营没几年就面临倒闭的局面。面对这些企业，我们只能为他们感到惋惜。而最让人感叹的就是那些已经形成规模的企业，它们历尽艰辛壮大起来，当发展到了一定程度时，企业突然发现自己的发展动力消失了，企业处于停止不前的状态。面对市场的不断萎缩，企业该怎么办？这应该是很多企业都会面对的问题。这时，企业需要的是来自各个方面的改革和提升。很多企业就是在这个时候没能及时地进行转变，最后导致企业耗尽了自己的"生命"。其实，不是这些企业改革的决心不够坚决，而是这些企业没有在企业壮大的过程中及时地更换企业的"发动机"，等到已经发现问题的时候才开始着手改革，那时就很难了。

（二）愿景——企业的一个长远目标

一个企业的管理需要的不只是对问题的解决能力，还需要预防问题，在恰当的时候为企业做一些改进工作的能力。为什么很难对企业文化进行持续渐进的改进呢？原因也很简单，那就是企业没有目标。当然，有了目标只是第一步，最重要的是坚持自己的目标。愿景就可以称为企业的一个长远目标。

目标对于一个人来讲非常重要，它将影响到这个人的未来成就，对于一个团队而言，目标就显得更为重要了。不论是加强一个团队的凝聚力，还是提升一个团队的战斗力，统一的目标都非常重要。愿景就可以理解成为一个企业的长期目标，是需要这个企业的众多人共同努力才能够完成的任务。

一个企业不光要制定出一个共同的愿景，还要坚定地去实现这个愿景。在这里就出现了两个问题：第一，这个愿景必须成为整个企业的愿景，而不是某个人的愿景；第二，这个愿景一旦确定下来，切不可改来改去。

（三）正确的企业愿景才能起到管理作用

案例分享 5：总经理的"愿景"

在苏州有这么一家企业，这家企业的总经理非常勤奋，通过不断的努力，使这家企业获得了富士康的认可。随着订单的不断增加，该企业从一家简单的生产小厂，一跃成为一家具有一定规模的电子配件生产企业。富士康在选择供应商时是非常严格的，这家企业很重视自己的产品质量，

总经理的"愿景"

所以，他们和富士康一开始的少量合作，使得客户对他们的产品的质量比较满意。随着客户订单的不断增加，这家企业已不是那个由总经理带头的小生产工厂了，而是成长为一家大企业了。这家企业的总经理已经没有时间深入到生产线和员工一起劳作了，他要制定企业的发展规划，为了实现这个规划，他四处奔波。于是，企业开始出现各种质量问题。由于富士康对供应商的管理已经非常完善了，富士康主动派人帮助他们建立了质量管理系统。之后，这家企业的产品质量有所提升，但是，还是不能够让大家满意，很多质量问题都是重复发生的，而且，基本都是人为造成的。总经理在客户的建议下，对企业进行文化引导，让大家开始重视企业的发展，重视产品的质量。总经理不愿意花钱请专业的人员帮助企业搞企业文化建设，于是，从网上购买了一些书籍，或从网上下载了一些资料，就对企业进行企业文化建设。他们制定出的企业愿景是：企业要发展成为一家拥有3亿元资产的现代化企业。

当时，我看到这个企业的企业愿景后非常不理解，为什么企业在愿景中规定要拥有3亿元资产，而不是4亿元呢？这家企业的办公室主任告诉我，他们的企业愿景是按照总经理的想法构思设定的，这应该是他们总经理的一个愿望。

这家企业也做了企业文化的愿景设定，但是，他们所设定的愿景只是总经理一个人的愿景。这种情况已经是好的了，有很多企业被问到企业文化的时候，很多企业高管的回答都是"不知道"，有的会说有，但得让他回去想一下，有的甚至直接跟我们讲这家企业就是老板和老板娘说了算，当然，企业文化是很重要，但对我们没有用。从这些现象中，我们能够看清楚很多企业都认识到了企业文化的重要性；同时，也打算建设企业文化。但是，由于这样和那样的问题，企业最终没有坚持下来，甚至在企业文化建立之初就已经夭折了，这就是大多数企业的"企业文化建设"的命运。

二、愿景的设定流程

一家企业在进行愿景制定的时候，一般都会采用头脑风暴的方法来进行设计。头脑风暴法一般是通过集思广益的方式寻找解决问题的方式，而要设定一个长期目标，且是一个可以实现的目标，那么，靠头脑风暴的方法是绝对不理智的。企业在设定愿景的时候，一般要结合企业自身的实际运营情况，以及整个行业的发展情况，还有企业所处供应链的环节，以及未来的发展潜力、企业希望具备的核心竞争力等。所以，企业在设定愿景的时候，一定要先做好准备工作，然后，通过周密的思考来完成对企业愿景的设定。下面，我们根据 TOC 管理中的 TP 思考程序方法，来完成企业愿景的设定。

设定企业愿景需要解决以下三个问题：

1. 对未来的预测。

2. 企业经营现状和竞争对手现状的客观分析。

3. 对核心竞争力的确立。

（一）对未来的预测

首先是第一个问题——对未来的预测。这个问题其实一共包含三部分的内容（如图 1 所示）：一是整个行业的发展状况；二是对未来的发展假设；三是企业在供应链中所处环节的价值。

1. 整个行业的发展状况

我们常常称一家企业的总经理为掌舵者。企业的掌舵者必须要有敏锐的市场洞察力，好的总经理始终清楚整个行业的发展状况，并且能给出对未来发展的预测。如果总经理不能够了解自己所处行业的发展情况，就无法在进行战略决策的时候做出正确的

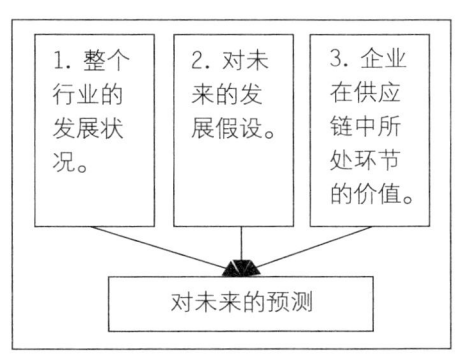

图 1　预测未来的三个方面

规划。如此一来，企业的整个团队就会被引向歧途，不论企业的执行力如何，都无法挽救企业，这也就是为什么有人说一个企业的成败 80% 在于企业的总经理。

在对行业的发展状况进行分析的时候，我们可以采用正态分布图

（如图2所示）来进行分析，确定企业现在属于正态分布图的哪一点。这需要对行业过往的市场增长情况进行收集，然后，再把整个行业的市场最大容量作为定点，绘制出整个行业的正态分布图。在图2中，X轴代表时间，Y轴代表市场需求增长量。有

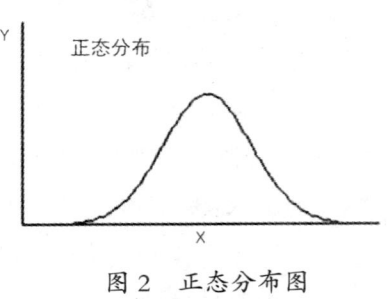

图2　正态分布图

人可能就要问了，这样绘制行业发展正态分布图是不是会不准确啊？我们绘制这个图是为了提供决策依据的，而不是做专业的数据研究的，所以，没有必要进行详细的数据计算整理。

2. 对未来的发展假设

谈到假设就一定会存在人的主观意见和看法，有些人认为这是一种拍脑袋作决策的做法，不科学，会影响到企业的正确决策。其实，如何让管理者们作出正确的选择是目的，而对于数据的精确性就没有必要太过苛刻了，因为要想让数据精确，就需要付出大量的时间和成本，这样一来，不光会增加不必要的决策成本，还会浪费宝贵的时间。我们知道，市场瞬息万变，错过了就需要付出更多来换回，更重要的是，时间和机会是根本无法挽回的。一个决策者如何在最短的时间里作出正确的决策，一方面，需要科学的数据作为决策依据，另一方面，需要决策者平时对该事情的关注，这样就可以作出科学的选择。这就是为什么在对企业进行调研的时候，我们非常反对企业的总经理将大量的时间用于企业的琐事上，而疏离市场。当总经理没有时间进行行业等信息的收集和研究，到了需要作出预测的时候，很容易出现偏差。

有关数据统计显示，很多时候，企业家们的预测是较为准确的，虽然他们不像经济学家和相关的研究人员一样能拿出大量的数据来分析和讲解，但是，他们的结果很多时候都是相同的，我想这就足够了。研究数据是那些研究人员的事情，企业家不需要花费大量的时间做这项工作。如果有现成的分析数据供企业家们参考，那很好；如果没有现成的数据，那就需要企业家们通过多年的经营经验来作出预测。

3. 企业在供应链中所处环节的价值

企业要清楚自己在整个供应链中的价值，这是非常重要的事情。对于一个供应链来讲，它的价值分布是不均匀的。供应链是由各种资源系统组建的一个价值链，它由很多企业组成，这些企业就是供应链的"功能件"，而每个企业的人员（人力资源）、设备资金等资源就是这个供应链的组成细胞。也就是说，对于一个供应链来讲，它是由价值链来贯穿始终的，每个企业因为价值被供应链认可而成为供应链的一部分。所以，一个企业家不光要了解自己的企业所处的整个供应链，还要了解自己的企业在价值链中的价值地位。任何一个供应价值链都存在一个瓶颈资源，就是这个瓶颈资源限制了整个供应链的发展速度。那么，我们的企业是否是这个瓶颈资源？如果是，那就恭喜你了，你的企业竞争将是整个供应链中最弱的。如果我们的企业不是供应链的瓶颈资源，那么，我们就从提供产品的产能、品质、技术革新、营销来评价自己企业在整个价值链中的价值。如果该企业生产的产品需要特种原材料，或者原材料种类极多、采购风险大，那么，企业还要对自身的采购能力进行评价。

案例分享6："愿景"不是梦

江苏有家生产轴承的民营企业。我有幸成为了这家企业的咨询老师，亲眼见证了这家企业的快速发展。我们刚接触这家企业的时候，它刚从旧厂房搬到新厂房，主要生产汽车轴承，这是企业的主打产品，也是被社会认可的商品，该企业的大量产品都出口。他们生产的轴承分为两类，我们姑且以A、B进行命名。A类产品是销量最大的，也是企业产量最大的，但是，该类产品即将被淘汰，这在整个行业中已经是不争的事实。B类产品是企业要发展和扩建的新产品，现在主要是由德国一些企业生产制造，该企业已经建立了生产线，但是，由于技术不稳定，生产产能低，订单量不足。企业在推出B类轴承的同时还增加了新产品，这个产品的主要生产国家是德国。从战略发展的角度来讲，该企业的掌舵人是非常有能力的，最起码，他能做到居安思危，这也是为什么他管理的公司有3家是上市公司的原因。这家企业当时请我们过去，就是希望能够帮助企业进行企业文化建设，然

"愿景"不是梦

后帮助企业构建企业文化管理系统。我们在给企业拟定愿景的时候，通过和董事长的沟通，以及对企业的一些信息的收集，尤其对企业的价值链分析，发现该企业生产的B类产品属于价值链的瓶颈资源。而产品A的生产产能是同行第一，产品品质也是同行第一，技术研发则体现在B类轴承上。还有，就是他们对营销基础、营销能力和服务质量都非常重视。结合企业的其他信息，我们和董事长制定出最符合企业的愿景："领跑中国轴承行业，成为全球汽车及工业领域首选供应商"。一年后，这家企业成功上市了，并且在外地不断地建立生产基地。现在，这家企业的发展更是让人瞩目，我相信该企业的愿景很快就能够实现。

（二）企业经营现状和竞争对手现状的客观分析

1. 用双向对比法了解企业的发展情况

双向对比法（如图3所示）是指X向为横向，即行业市场增长率对比；Y向为纵向，即同行业之间的经营状况对比。

企业在评价自己的企业是增长还是退步的主要依据就是与市场增长率进行对比。假如整个市场的增长率是30%，而企业的增长率只有20%，代表企业退步了；

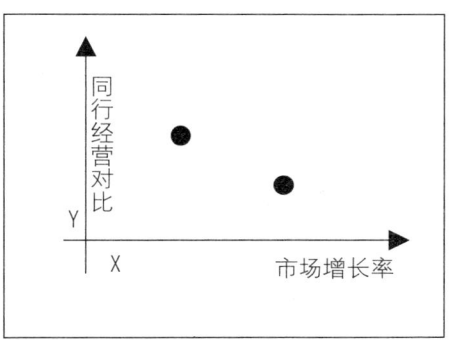

图3 双向对比法

如果整个市场的增长率是30%，而企业的增长率也只有30%左右，代表企业基本没有发展；如果企业的增长率是30%以上，代表企业的发展还是可以的。

案例分享7：觉醒吧，董事长

在山西有一家企业是生产工程原料的，企业创立之初只是租用了半个厂房。后来，由于在技术上的革新，企业的订单快速增加，再加上地方政府的支持，该企业用了10年的时间成为一家拥有180亩地厂房的现代化企业。该企业在经营的过程中发现自己存在问题，于是，请我到企业讲课，并给企业进行诊断治疗。当我问到该行业的市场情况时，这家企业的董事长告诉我：企业现在以每年25%的速度增长。说到这里的时候，他非常自豪。当我问到整个行业的增长速度时，他告诉我现在整个行业的增长速度是35%，所以，他们的企业现在属于中上等企业。他的这种计算方法应该是很多人所采用过的，因为行业的增长速度是35%，而他们的增长速度是25%，接近于35%的增长速度并高于35%的中间值17.5%，所以，他们认为自己的企业属于中上等。这个计算分析方法很显然是错误的，该企业其实已经处于下滑阶段，他们的增长速度低于市场增长速度10%，代表着企业经营下滑10%。

在对企业进行横向对比后，接下来就需要进行纵向对比。企业进行纵向对比的对象应该分为三个部分：第一部分是比企业略差的同行业企业，第二部分是企业现阶段竞争最激烈的竞争对手，第三部分是比企业强的同行业企业。对比内容也很简单，就是企业间的赚钱速度 T 的对比。T 在 TOC 有效产出会计中称作有效产出，它所表现的就是企业的赚钱速度，计算公式是：T=S 销售额 –VC 成本。

2. 企业五元素的建设情况评估

我们知道，一个企业不论规模大小，它都由人、机、料、法、环五个元素组成的。

（1）对人的评估

不论企业的自动化水平多么高，人是一个企业必不可少的组成资源之一。对一家企业的"人"进行评估时，要看其人员数量是否满足企业需要，人员的技术和才能是否能够满足企业的需要。对于一个小型企业而言，高学历的人才不一定对企业有用，而且，不同的行业对人才的需求也是不一样的。

（2）对机的评估

对于一个企业来讲，很重要的就是设备了，尤其对于高新技术企业来讲，他们的设备直接决定了企业的生产能力。由此可见，当企业赚到了钱以后，将资金投入到设备上，增加设备的数量或者使设备更新升级是非常有必要的，因为设备是一个企业的生产工具，它最容易拉开企业之间的竞争空间。企业的管理人员可以根据同行的最新设备使用情况和自身企业的设备技术情况进行对比，来决定在设备上怎么投入。

（3）对料的评估

我们知道，对于我们绝大多数企业来讲，如果能够降低原材料成本就能够增加企业的利润。这就需要企业提高采购管理能力了。如果企业能够采购到价格相对较低、质量相对较高、资金积压相对少、供应商供应相对及时的原材料，那么，该企业就能够获取相对更多的利润和经营优势。

（4）对法的评估

我们这里所说的"法"就是指企业的技术研发和技术生产支持能力。技术研发就是指对产品的技术革新，通过技术革新来降低产品的生产成本，以及提升产品的性能和质量。例如，有的企业通过技术研发可以减少生产工艺环节，这样一来就减少了生产加工成本；有的企业通过技术研发减少原材料的使用量或者降低原材料的等级，从而减少了生产成本；有的企业通过技术研发提升产品的性能，等等。这些都是通过技术研发的方法来帮助企业提升竞争力。一家企业除了要有技术研发，还要有技术支持能力。很多企业虽然技术研发人员的研发能力很强，但生产现场的指导却较差，导致企业频频出现加工质量问题。这种企业就需要技术人员对生产现场的生产作业进行规范化和标准化的管理。也就是说，衡量一个企业的技术支持能力，就看这家企业的生产作业是否是按照技术人员的要求完成的，他们的作业标准是否规范。"法"就是对企业这方面的能力进行评估。

（5）对环的评估

大家不要小看环境对企业的影响，很多民营企业一开始建造和租用的厂房都比较偏僻，这样一来就很难招聘到员工；同时，对于企业的整体形象影响非常大；更重要的是企业环境差，员工就很容易产生浮躁情绪。我之前辅导过一家企业，这家企业搬入了新厂房，为了节省成本，他们没有找专门的人员帮助企业进行规划设计，导致企业的布局出现了问题，有一个车间的噪音非常大，导致该车间员工的离职率达到40%左右，而且，车间还经常发生安全事故。

我们应该清楚，在不同的生产状况下，作业台面的高度是多少，光照度是多少，噪声是多少，工人工作时的最佳状态有多长时间。应该有专门的部门负责环境改善。我们进行"环"这项的评定方法主要是看企业厂房的位置、企业内部的物流畅通性、企业生产过程中的物料暂存和搬运空间设计情况，等等。

3. 企业的四个"流"的运转情况评估

企业的四个流分别是：人流、物流、信息流、资金流。

（1）对人流的运转情况评估

人流包括内外的流动，也就是不合格的员工自动淘汰，把优秀的人才吸引到企业中来；还有就是企业内部的人流，主要是指职位和工作岗位的变动。一个企业的人员流失，如果是不合格的人被淘汰，合格的人能够留下来，这种的人员流失我们称为企业的"新陈代谢"，是一家企业经营的最佳状态。所谓的不正常的人员流失是指企业员工不分优秀还是差，一律都是因为对企业失望而离开企业，这种流失需要企业作自我检讨和改进。

企业内部的人员流动有两个好处：

第一，对于那些工作能力强、思想观念先进、积极上进的员工，企业要给他们升迁的机会，对于那些倚老卖老、不求上进的员工，企业要让他们把舞台让给那些更有干劲的员工。

第二，员工的内部流动还包括在本岗位工作时间较长，对工作失去兴趣甚至产生逆反心理的员工，给以调换岗位增加新的挑战和工作乐趣。这种人员调换一般是集中在一些生产线和非关键技术管理岗位人员。

（2）对物流的评估

在讲物流的时候，企业一定要明确一点：物流对于企业是不创造任何价值，并且会给企业带来成本浪费的一种作业方式。我们知道，搬运只是将一个东西从一个地方搬到另一个地方，并没有任何改造、加工过程，并且，搬运过程会浪费掉大量的工时，还会因为搬运产生质量和安全事故。但是，物流却是任何企业都存在的问题，而且，我们这里所讲的物流也不只是指搬运这个发生在企业中各个工艺间的活动，一个企业的物流还包括原材料到企业间，半成品或者外协件到企业间，还有从企业到各区域仓库间，从各区域仓库到各分销商间，从分销商到门店间的物流。其实，要是详细讲的话，很多企业的辅助工具、消耗品的采购过程都是一个企业的物流组成部分。物流管理就是最大程度地降低物流成本及物品积压。

（3）对信息流的评估

确定一个企业的管理能力的高低，就看这个企业管理的反应速度以及事后的问题处理能力。从信息流中就能够看出这个企业的管理效率，所以，在现代企业管理中很少有不用网络和软件的，因为这样可以加快信息流，从而提升企业的管理效率。

（4）对资金流的评估

对于一个企业来讲，资金链是非常重要的。一个企业如果不能保证资金链的稳定，就无法保证企业的生存安全。如果一家企业不定期地出现资金链问题，那么，这家企业就会像一个得了心脏病的病人，随时都有生命危险。其实，资金流不光包括资金链的安全，同时还包括企业使用资金的流通性。我们知道，一个企业每天在赚钱的同时也在花钱，那么，如何保证那些必须花的钱能够准时提供呢？这也是直接影响到企业资金的正确使用和企业生产效率的重要原因。例如，有些企业因为财务不能够及时提供资金，无法按时拿到供应商提供的原材料，导致生产计划被打乱，甚至导致企业不能准时交货，同时也会影响到企业的信誉度。当然，一个企业能够及时收回资金也是非常重要的，这其中包括投资回报率、销售回款率，等等。

（三）对核心竞争力的确立

整个社会经济就是一个生态系统，在这个生态系统中有一个决斗场，也就是商业市场。任何企业都需要经历市场的考验。电影《角斗士》很有名，讲的是在古罗马时期，战俘的生死决斗的故事。在决斗场景中，可以看到人与人、人与野兽间各自为了生存而展开的生死搏斗。决斗双方紧锁眉头怒视敌人，当战胜敌人后表现出来的是重生的喜悦。在角斗士决斗的过程中，不论是野兽，还是角斗士都使用着不同的武器，交战的时候也表现出各自的优势。比如，身形矮小的会以灵活和速度来战胜对方，而那些身形魁梧的则是通过力量来征服对方，还有的应该是通过格斗技巧来赢得胜利。总之，大家各有各的优势。当市场出现波动的时候，企业就应该像角斗士一样拿出各自的本事战胜对手，让企业生存下来并得到更多的市场份额。

那么，企业的核心竞争力是什么呢？企业的核心竞争力就是企业生存所需的本事，就是当企业需要到"角斗场"上进行生死决斗的时候，能够保住自己的生命，甚至抢到战利品（市场订单）的能力。每次市场波动的时候都是战胜或消灭竞争对手的最佳时机，当然，这是对于那些有较强的"格斗技能"的企业而言的。讲到这里，我想大家应该知道什么是企业的核心竞争力了吧。

对于一家企业来讲，核心竞争力是需要不断修炼来实现的。在这个过程中，不光需要企业不断投入资金、人力、物力，还需要企业承受来自各方面的压力。越是难建立的核心竞争力，越能接受各种挑战。

案例分享 8：绝技防身

河北有一家生产玻璃制品的企业，该企业在同行业中有较高的声望。这家企业的总经理和同行间的关系非常好，很多同行中的企业总经理都称呼他为大哥。在中国玻璃制品行业发展最快的那几年，大家都在拼命地建厂房、购买设备，可是，这位大哥却没有盲目地投资，而是大力加大技术研发，引进国外的先进技术和设备，打算生产高端产品。当时，很多同行的朋友都劝他不要执迷于高端产品，现在他们生产的普通产品市场销量不错，何必投入那么多的资金和精力？而且，市场又不认可高端产品，还不如加大生产普通产品的产能，通过增加产能多赚一些钱呢？可是，这家企业的总经理却告诉他们，按照现在的市场情况，我们的产能已经基本饱和，而且，我们的生产工艺较简单，很容易被模仿，现在已经出现利润缩水的现象。很快，我们这个行业的市场就会彻底饱和，到那时打价格战是必然的，结果是企业很难生存下去，只有提高产品的品质，才有生存的希望。大家都认可他讲的道理，但是，面对是技术升

绝技防身

级的投资，还是扩大普通产品生产产能的投资，他们认为后者的安全系数更大一些，而且，后者做起来更容易。所以，他们大都选择后者。这家玻璃制品企业还将技术研发作为他们的发展愿景。没过两年，市场出现产能过剩现象，很多企业开始赔钱，面临着极大的生存危机。而案例中的这家企业却用两年的时间提升了自身的技术工艺水平，虽然企业的总产能没有多大的提升，但企业的产品成功地打入高端市场。在市场的这次波动中，很多企业倒下了，还有很多企业走向不归路，但他们却成功了，因为他们拥有了自己的核心竞争力。

由上述案例可知，有太多的企业是明知前面是陷阱，也要抱着侥幸的态度走过去。与其这样，不如提前打造自己的核心竞争力。这个核心竞争力不一定是现在企业的核心竞争力，也可以是企业将来要建立的一个核心竞争力。如果确定了，企业可以将这个核心竞争力作为企业的愿景。

总之，按照上边的步骤进行企业的信息收集和分析，企业就可以建立出属于自己的愿景了。愿景代表的是未来，愿景代表的是企业对社会的承诺，愿景就是整个企业的运营目标。

三、使命的信仰

对于一家企业而言，这家企业是怎么来的，要走向哪里，存在的意义是什么？这些问题的正确答案对于一家要长期健康发展的企业来讲是非常重要的。不论一家企业存在了多长时间，它的存在一定有价值的体现，这家企业存在的价值越高，那么，它存在的意义就越重要，它就具有越强大的生命力。

一个没有使命感的企业，就只能告诉员工，如果你好好工作，你可以多得到一个面包和一瓶牛奶，这样一来，企业的生命力就非常弱，而且，非常容易被取而代之。一家企业的总经理和其他高管非常有必要确定自己企业的使命，只有这样，企业的存在感才能体现出来，员工在从企业获得物资财富的同时，还能从企业中获得精神上的满足。因为只有当企业知道了自己的使命，员工才能够知道自己的使命。

如何让一个人在困难的情况下也能够不放弃自己的目标呢？靠使命

感给他动力就是激励方法之一。一家企业给员工的工资再多又能有多少呢？如果某个员工的工资只有三千多元，突然间，企业把他的工资涨到5000元，这个时候，这个员工一定会感到非常开心和兴奋。但是，这种开心和兴奋又能维持多长时间呢？我想，三个月后他的喜悦和兴奋就会减半，用不了半年，他就会彻底失去刚加工资时的喜悦和兴奋。倘若赋予员工一定的使命，使其清楚地知道自己对企业的价值，那么，他就会带着使命感，全身心地投入到工作当中去。他对工作的热情不会只持续一时半会，而是始终对工作有着一腔的热爱和激情。那么，使命是什么呢？使命是企业的灵魂，使命是企业发展的内在动力，使命是员工的精神信仰。

（一）使命是企业的灵魂

每个人都有各自的使命，只不过，大家的使命有一些不同而已。使命是一个人永远都不会感到疲惫的动力。在这里，我通过一个真实的故事来给大家解释一下，为什么使命会令人不知疲惫。

案例分享9：伟大的使命

我居住在一个较大规模的小区里，小区里住了很多的人，大家都很忙碌，虽然住了这么多年，我连一个邻居的名字都叫不上来。让我记忆最深刻的就是小区里一个每天都推着垃圾桶到处在垃圾堆里寻找有价值废品的老太太。每当她准备好要翻一个垃圾桶的时候，她总是紧锁双眉。当她从中找到有价值的废品的时候，她的表情才会慢慢舒展开。不论是下雨还是下雪，人们都能听到她推垃圾车的声音。我总是不止一次地想：为什么她要这么辛苦，捡垃圾又能赚多少钱呢？这么大的年龄了，要那么多的钱干什么呢？

有一次，我通过熟悉这位老人的几位邻居那里了解到了这位老人的一些情况。原来，这位老人每个月都有不到两千元的退休金。可是，现在的医保已经非常好了，她为什么还要出来赚钱呢？就算赚到钱又怎么样？她又没有时间去花，因为人们说她每天都不休息。那她是为了什么呢？了解这位老人的人告诉我，因为老人有一个智力障碍的女儿，老人希望在临终之前多赚些钱，给女儿多存一些钱。我想：不论这位母亲为

伟大的使命

自己的女儿存了多少钱，她都不会放心地丢下她的宝贝女儿，因为她心里装满了牵挂。

写到这里，我依稀又听到了那熟悉的声音，仿佛又看到老人拖着那疲惫的身躯在最大程度地完成自己的使命。

这不是故事，这是发生在我们身边的一件真实的事情。一个普通得不能再普通的老母亲，她因自己的使命在不断地操劳着。不论我们做任何工作，不论我们工作的环境多么优越，不论我们从工作中得到的回报有多么丰厚，我们依然会感到疲倦，尤其当没有新鲜感（整天重复着同样的事情）的时候。那么，如何化解疲惫呢？我们知道，这种疲惫不仅是指肉体上的，还有心理上的疲惫，它需要的能量来源于使命。使命就是这么让人无法抗拒，它具有强大的魔力。

（二）使命是企业发展的主动力

如果说企业是由人、机、料、法、环五大资源组成的，那么，这些只能是构建出一个盈利的平台，而使命则是这个平台的灵魂。

1. 提升一项工作的意义，可以让大家愿意为此付出更多

在上文中，我们已经讲到，一个企业每天都在做着重复的事情，甚至企业中发生的错误都在重复发生着，怎么从这样的工作中寻找到乐趣呢？一个普通的员工每天重复地做着他早已腻烦的事情，靠赚钱这个目标很难让他对工作充满积极性了，这时，他同样需要一个崇高的使命。这个使命从哪里来呢？靠他自己寻找是很难的，因为人和人毕竟是有区别的，那么，就需要企业赋予他一个有意义的使命。这个使命对于一个人非常重要，对于一家企业更加重要。

在电视剧《士兵突击》中，主人公许三多给大家的印象就是一个非常普通的人，但是，他最后的成就是让人们羡慕的。这是为什么呢？因为他对意义这两个字的执着。许三多经常说的话就是这个事情有意义、那个事情有意义，所以，他必须做。当你决定执着于一件有意义的事情的时候，这件事情就成为了你的使命。使命可以改变一个人的命运，同样，它也可以改变一个企业的命运。

2.执行使命不光需要方法，还需要一个坚定的信念

一家企业想做得比同行业其他企业好，想超越竞争对手，想成为行业的领头企业，想获得比现在所拥有的还要多的资源，那么，它就需要付出比别人还要多的努力，经受更多的考验。不是所有的人都能够经受得了这些考验的，尤其对于一家企业的总经理来说，他能够经受得住并不代表他的员工也能够经受得住，这就需要通过使命赋予大家力量。

很多企业在进行绩效管理的时候，会毫不犹豫地利用人们对物质的需求。这只是满足了人们的物质需求而已，此外，还应该满足人们对精神思想方面的追求，这就需要企业的领导为员工树立一个坚定的信念。

3.使命是一个无私的目标，不是一个满足个人最大私欲的目标

使命中切不可添加一些个人或一个组织的私欲，这样不光使命的价值会受到质疑，同时，它也很难得到大家的认同。

4.使命体现了一个企业的格局

案例分享 10：造老百姓买得起的汽车

吉利集团的使命是："造中国老百姓买得起的汽车！"为了实现这个民族使命，他们的研发重点主要放在降低汽车的制造成本上。例如，他们大力研发发动机，生产自己的发动机，这样一来，汽车的制造成本当然低了。吉利集团从一家小型汽车制造企业，发展到现在的拥有众多系列品牌产品的大企业。面对来自合资品牌和外资品牌汽车的冲击，很多民营汽车生产企业都倒下了，可是，吉利集团却成功地发展起来，没有一个坚定的使命，吉利人是很难走到今天的。"造中国老百姓买得起的汽车"，这句话在吉利集团中到处都能看到，这是他们的使命，同样，也是他们的灵魂。

（三）使命是员工的精神信仰

1.工作中的烦恼、困惑需要企业的精神信仰来消除

使命不光可以让企业拥有灵魂，它还可以给企业动力，这个动力不是来自于某些考核的物质激励，而是来自于人们内心深处的价值需求。让我们的员工以成为我们企业的员工而骄傲，靠的不是他的工资比别人

多出多少，而是使命感和人生价值的体现。

当一个企业完全依靠物质激励的方法进行管理的时候，就等于放弃了员工的精神需求，这样的结果只能是无法满足员工逐渐放大的欲望和企业内部的人事斗争。

2. 物质是基础，精神是追求

企业不光要为员工提供物质保障，还要满足他们的精神需求。如果一个人加入到一家企业，通过他的工作，从企业中获得了物质需求，这个员工除了可以满足自己的物质需要的同时，还可以满足家里人的物质需要。如果这个员工有了工作使命，这个使命将成为他实现人生价值的重要信仰，这个时候，企业给员工的就不只是物质需求的满足，还有对员工精神需求的满足。

案例分享 11：来得快，去得也快

在江苏常州有家做空调配件生产加工的企业。空调是家电中为数不多的较高利润的产品，所以，这家企业的盈利相对来说还是不错的。空调生产的淡旺季是非常明显的。空调生产的淡季，企业会根据客户的需求信息和过去两年的旺季需求情况安排生产计划。当企业进入旺季的时候，尤其是进入到销售旺季的前两个月的时候，企业的订单根本来不及做，只能先建立库存，如果预生产的库存量较为准确些还好，但一般都没有那么准确，这个时候，企业就要抓紧时间生产了。我们要讲的这家企业的总经理会在每年旺季的时候，通过运用多种奖励措施提升产量。随着市场竞争的日益激烈，产品的利润在不断地缩水，而员工已经习惯把旺季时企业增加激励奖金作为收入必不可少的重要来源。在 2010 年的时候，这家企业实在无法再增加额外的奖励措施，导致大量员工离职。总经理为此非常恼火，他告诉员工，你们拿的是计件工资，当你们多生产的时候，你们本身就多赚了钱，再加上企业安排的是生产任务，作为企业的员工，努力完成工作是理所当然的事情，怎么会因没有额外增加奖励就不做了呢？总经理迫于市场订单的压力和短时间内无法招聘到大量员工，于是，顶住了财政压力，恢复了额外的奖金激励。即便这样，还是有很多员工非常不满意，一些员工依旧选择辞职，这是为什么呢？总经理非常不解：企业已经满足了员工的需求，为什么员工还不满意呢？员工的理由是企业的额外激励奖金已经三年没有提高了。

物质激励的效果确实很明显，当员工得到额外的激励时，可以促使他加倍地工作，来赚这部分奖励。可是，物质激励来得快，去得也快，而且很多人喜欢把那些发生过的事情认为是理所应当的。这就造成了一旦在相同的情景下不采用物质激励，员工的工作积极性将大打折扣的现象发生。

3. 物质需求很难得到最终的满足，信仰却可以

一个企业如果只是一味地靠物质财富来吸引员工的注意力，那么，员工就会和你算小账，他会明确地告诉你这次我多拿了这么多奖金，明年也要多拿这么多，否则，我就会不舒服。我们不能只是一味地批评这些员工，作为企业的管理人员，我们一定要深思，是谁将自己的员工变成这样。其实，企业如果只靠物质激励，很难长久地激发员工的工作热情，而来自精神的激励会让员工寻找到更有意义的价值。使命不只是一个企业的灵魂和主动力，同时，还是一个企业的信仰。如果员工有了和企业一样的信仰和使命的时候，谁还能成为他们的竞争对手呢？

四、使命的构建流程

使命就是一个企业的责任，一个企业要担负多大的使命，代表着这个企业对社会的责任就有多大。使命是企业对自己责任的承诺契约。一个不敢给自己制定责任的企业，是不能够成为一个强者的。

（一）回顾那些优秀的精神文化，比照现在是否发生遗失

如果一个企业只是一味地朝前看而忽略了过去，这是一种不成熟的表现，能这样做的恐怕只有那些新创建的企业，因为他们没有过去。企业回望过去是成熟的表现，也是企业对自己曾经努力的认可。回望企业发展的整个历程，我们要带着感恩的心。

一个企业每天都在发生变化，有的企业逐渐地老去，有的企业却在不断地壮大。不同的主要原因就是：有的企业以持续改善为核心思想；而

有的企业则是漫无目地发展，只要能赚钱就行了。企业在回顾自己的发展历程时不光要看企业增加了什么，同时还要看企业失去了什么。企业所失去的就是企业要弥补的，就是企业要提倡的。在企业创建使命的过程中，企业就可以将这些需要弥补的内容作为企业的使命元素或者直接作为未来的发展使命制定下来。

优秀的企业家可以及时地洞察出未来的发展，他会回望历史、总结经验，用历史中的精华来指导未来的发展。每一家企业都希望自己能够成为百年企业，但是，如何做呢？那就要使企业有用之不竭的动力。这个动力来自于哪里呢？来自于自己的企业使命。

案例分享 12：为客户提供物超所值的优质产品

中国有悠久的历史和灿烂的文化，其中必不可少的就是饮食文化。说到吃，几乎每个中国人都能讲出一大堆自己爱吃的东西来，随着经济的发展，人们希望用最短的时间吃到合口的饭菜，于是，快餐业快速地发展起来。在这里，我们分享一个非常有名的快餐品牌——大娘水饺。大娘水饺在江苏常州创立，后来发展到江南各地，直至全国各地，甚至在国外都开了连锁店。这么一个传统美食是如何打造成为中国品牌的呢？这里有一个感人的故事。

大娘水饺的创始人吴国强自幼喜欢吃馄饨。大学毕业后，他在西宁市工作十余年，期间，有缘结识单位食堂的一位厨师——吴大娘，吴大娘包的饺子味美、馅足，牛杂汤肉鲜醇厚。水饺配牛杂汤，犹如咖啡配伴侣，其美味一下子吸引了爱吃馄饨的吴国强。

吴国强奔赴新工作岗位、离开西宁市前，向吴大娘探究制作水饺的秘诀，吴大娘释然一笑："哪有什么秘诀啊，就是用最好的面、最好的馅料，就能做出最好的饺子。不要因为饺子里的馅料是剁混了的，就掺杂次肉、杂肉。你记住，人在做，天在看，凭良心做事一定有好报，以次充好的生意肯定长不了。"

1996 年，吴国强在江苏常州创建中国第一家诚实水饺品牌，为铭记吴大娘的真诚授艺之恩，遂将水饺品牌命名为——大娘水饺，并始终遵循吴大娘的教诲——"真材实料，不许一丝掺假，百年传承，不可半点欺心"。

（二）企业在实现"愿景"的同时，愿意给员工、客户、社会、国家、人类的贡献

使命对于一个企业非常重要，它不光属于企业，也应该属于每一个员工，而且，企业使命应该发展成为看得见、摸得着的，要体现在企业的每一个方面。企业必须确立一个非常适合自己的使命。接下来，我们将分别从员工、客户、社会、国家、人类的贡献五个角度，教企业如何制定自己的使命。

1. 员工

一个企业是否能够拥有一支高效的团队很重要，而那些开明的企业家也深知员工是企业创造财富的直接参与者，他们绝对有资格获取企业赚取的财富，当然，这个财富中也包括精神财富。那么，企业在制定愿景时，也一定不会忘记他们对员工的责任，所以，有些企业将对员工的责任作为自己的使命。当所有的员工成为整个企业发展使命的受益者的时候，这个企业的凝聚力就可想而知了。员工本身就是社会的一份子，那么，让员工受益就是一种造福社会的最佳方法。下面，我通过一个案例来和大家进一步探讨这个问题。

案例分享 13：门王

重庆美心集团的创始人夏明宪董事长被称为门王，他白手起家，从门业制造开始，将企业逐步发展成为一家有近万名员工、年产值达 48 亿元人民币的"行业"帝国。让美心集团的员工最引以为豪的两件事是：美心的产品销往世界四十多个国家和地区，还有就是"美心洋人街"。在美心集团的员工可以享受企业给他们的多重福利和奖励，如"洋人街"最出名的一元馒头，每年的营业额就达三千万元，企业拿出 30% 作为奖励给做馒头的员工，再从整体利润中拿出一半作为员工的福利基金。企业还建设了很多福利服务设施，如员工只需一元就可以将全家的衣服送到企业专门的部门进行清洗。企业还和员工签订了"终生合同制"劳动合同，让员工有安全感。同时，为了防止出现懒惰现象，企业和员工又签订了"末位淘汰"合约，让员工能升职，也能降职，加大对员工的工作激励。这就是美心集团创始人夏明宪常讲的企业使命："要让一万多名员工过上有尊严的生活——尽管现在远未做到。"

在上文案例中，夏明宪能够制定出这样的企业使命，并且努力去完成这个使命，这应该是美心集团最强的核心竞争之一了。很多企业家制定出来的企业文化是让员工看的，是用来教育员工的，企业家只是一个观看者和教导者，真正努力去实现企业使命的企业家很少，这就是为什么有些企业做不大的原因——因为你所奋斗的是自己的使命，不是这个企业的使命，不是这个企业的员工的使命。在企业中，第一个坚定不移地去执行使命的人应该是这家企业的最高管理者，企业的使命就是由上到下，从企业管理者的言行和信念中传播到员工中去。如果连管理者都把企业使命当儿戏，谁又能真正地去为之奋斗呢？企业管理中不能有虚假，因为任何虚假只能产生更多的虚假，只有真实才能产生真实，这就是最简单的种瓜得瓜、种豆得豆。

2. 客户

很多企业喜欢从客户的角度制定使命，一般这样的使命都会体现出企业的核心竞争力。因为企业对客户的承诺，就是企业赢得客户信任的基础，就是企业的核心价值，也是企业的核心竞争力。对客户的描述最多的一句话就是："客户是上帝"。事实证明，无视客户的价值，就是忽略了企业产品的价值。忽略了企业产品的价值，就等于忽略了企业的价值。忽略了企业的价值，就等于忽略了自己的价值。忽略了自己的价值，就等于忽略了人生的价值。所以，客户不仅关系到企业的价值，还关系到企业中每一个人的价值。企业就是通过满足客户的价值，来实现企业的价值，通过实现企业的价值，来满足员工自我价值实现的需要。可见，一个为客户服务的使命，不仅可以给企业带来动力，同时，通过与员工人生价值的连接，也给企业带来了生命力，这样的企业怎么可能会没有活力呢？由此可以得出：从客户角度来制定企业的使命是完全合理的，这个使命不仅可以连接客户、企业、员工三者的价值，还可以明确给出企业的核心竞争力的打造目标。

案例分享 14：著名企业的"使命"

下面，我们讲一些著名企业的使命，给大家作为参考。值得一提的是，这些企业的使命并不是制定得绝对好，但是，他们的使命有一定的代表性，这些使命都是从客户的层面制定的。

- 华为公司的使命：聚焦客户关注的挑战和压力，提供有竞争力的通信解决方案和服务。
- 中国工商银行的使命：为客户创造价值，不断开拓创新，推动金融发展。
- 联想电脑公司的使命：为客户利益而努力创新。
- 戴尔公司的使命：在我们服务的市场提供最佳客户体验。
- 宝洁公司的使命：提供名优产品，真正改变客户的日常生活。

3. 社会

企业不论大小，只要它存在，除了盈利以外，还有一个重要的原因，就是它有了存在于社会的理由。评定一个产品和一个企业的价值不是由创造产品的人和企业自己来定的，而是由社会来定的。当企业为自己的成功而雀跃的时候，我们应该首先感谢社会对我们的认可，企业只有带着这样的心态才能永远造福于社会，永远不会被社会所抛弃，因为只有你爱社会，才能得到社会对企业的爱。

很多企业制定自己的使命的时候就会考虑企业对社会的回报。将企业的使命和社会责任捆绑在一起，社会责任的寿命有多长，企业的精神生命就有多长。企业家都希望将自己的企业建成一家百年企业，但是，一个企业能"活"百年的很少，因为企业的精神和活力总是有限。尤其对于那些依靠物质激励实现精神活力的企业，当企业利润额增加的时候，企业里的一部分人就会振奋一下；当企业的利润额没有增加的时候，企业就开始颓废，这种颓废是全员的颓废。这是非常可怕的现象，因为它会使企业的业绩一直下滑，甚至一落千丈。所以，不论什么样的企业都需要一种积极向上的精神，需要振奋人心的活力。这个活力和精神同样也不是依靠员工的年龄和物质激励来实现的，而是需要一种精神使命来影响每一个人，来给每一个人带来动力，让每一个人充满使命感。对一名员工来说，工资固然重要，但是，工作给其带来的成就感更为重要。此外，还要让员工对工作有敬畏之心。如何去做呢？员工是社会中的一员，不管他接触社会的情况如何，也不管他在社会中的话语权有多大、社会关系有多复杂，总之，他是这个社会中的一员，他感受着社会，社会同样也影响着他。如果你告诉他，他现在所做的工作将会造福于社会，将会成为这个社会的一个亮点，他的工作将直接影响着社会的某个方面的进程。这个时候，他就会对自己的工作产生敬畏之心。如果一个人对自己的工作有敬畏之心的话，你认为他会在工作中怠慢每个细节吗？所以说，与其让员工看在钱的份上努力工作，还不如让员工对自己的工作有敬畏之心，这样就能实现意想不到的激励效果。

企业往往都喜欢用物质奖励来激励员工，对于这种方法，我当然不反对了，但是，如果一个企业频繁地使用物质奖励来激励员工就完全错误了，因为就算你将整个企业都给员工，他可能都不会百分百地满意。人往往是这样，没有的时候想要，得到的时候想要更多。另一方面，有太多的人是想得到，但是，当他发现得到的难度太大的时候，他就会选择放弃。所以，很多企业对员工进行物质激励的时候，会发现那些本来很勤奋的员工依然继续努力着，而那些工作消极的员工听完企业的物质激励政策后竟然选择放弃努力了，他们会给自己的行为找到很多理由。所以说，企业采用物质激励的手段一般只能带动处于积极员工和消极员工中间的那部分人员中的一部分，而且，你使用完这次物质激励措施以后，下一次使用的时候为了增加效果就需要增加筹码，或者降低难度，这是非常可悲的一种管理方法。所以，一家成功的企业从来都不会滥用物质激励，一定是精神、物质两手抓。

总之，企业的使命就是企业对员工进行价值激励的最佳手段。没有一个人希望自己在社会上没有价值，被人看低，所以，企业要让员工感觉到自己的价值所在。

案例分享 15：著名企业的社会使命

下面所列举的这些企业的使命都是从社会责任的角度制定的。

● 中国移动通信的使命：创无限通信世界，做信息社会栋梁。

● 沃尔玛公司的使命：给普通百姓提供机会，使他们能与富人一样买到同样的东西。

● 微软公司的使命：致力于提供使工作、学习、生活更加方便、丰富的个人电脑软件。

企业在制定自己的使命时要结合自身的实际经营规模，以及所处行业的社会贡献价值情况。企业千万不要制定出一个连自己都没有信心完成的使命，那样的话，这个使命就没有什么意义了。

4. 国家

一旦企业能够走出国门并参与国际竞争，那么，企业在制定使命的时候，就要考虑到国家这个层面。因为这个走出国门的企业不仅在完成自己的心愿，也在完成整个国家的心愿，倘若这样，这个威力是非常大的。

案例分享 16：著名企业的国家使命

下面这些企业的使命都是从国家层面制定的。

● 中国兵器工业集团的使命：服务于国家国防安全、服务于国家经济发展。

● 海尔集团的使命：敬业报国、追求卓越。

● 蒙牛乳业的使命：强乳兴农，愿每一个中国人身心健康。

5. 人类

当一家企业谈到自己对人类的贡献的时候，首先，这家企业必须具备极大的能力。我们知道，能力越大，责任就越大，这个道理不仅适用于个人，同样，也适用于企业。在前文中，我们分别讲了企业对员工、对客户、对社会、对国家的使命，那么，这里我们要讲的是企业对于人类的使命。在整个人类的发展过程中，有的人是观望者，有的人是追逐者，而有的人则是带动者。如果哪个企业能够以人类的发展为使命，说明这家企业已经是人类发展的动力之一，它已经不是哪个国家的企业了，而是属于全人类。

案例分享 17：著名企业的人类使命

在世界上的著名企业中，以人类的发展为使命的企业还是比较多的，这些企业大多都是行业引领者。

- IBM 公司的使命：无论是一小步还是一大步，都要带动人类的进步。
- 惠普公司的使命：为人类的幸福和发展做出技术贡献。
- 飞利浦的公司使命：及时推出有意义的科技创新，改善人们的生活质量。
- 通用电器的使命：以科技及创新改善生活品质。
- 迪士尼公司的使命：使人们过得快活。

（三）注意事项

1. 别人的不是我们的，莫要盲目模仿

上文阐述了企业如何设计自己的使命，需要特别强调的是：一个企业设计出来的使命，必须是这个企业的使命，而不是模仿世界著名企业制定的那些看似自己也适合的企业使命。使命是一个企业的价值所在，当然，对于很多企业的总经理来讲，他们做这家企业的目的就是为了赚钱，这就是企业的使命。这个可能是企业家在创立企业之初的想法，但绝对不能作为今后企业发展的核心思想。

2. 企业的使命也是大家的使命

如果企业家真心想让企业一代一代地传下去，那么，他就要在自己有能力的时候，让这家企业拥有自己的使命，而且，从企业有了自己的使命那天起，上到企业的总经理，下到企业的员工，都要以此为人生中的重要使命，这样的企业才能够一直发展下去。

3. 真正的企业还需要从本质上发生改变

随着企业的发展，企业家也要改变自己的心态，要将当时那种只是为了生活好一些而创业的思想，变成为带着责任去完成的事业。

很多企业随着经济快速发展的浪潮，规模越做越大，但是，依然能够看到当年作坊的影子，它们好像只是从一个小作坊变成了一个大作坊而已。对于这样的企业，只能说它新增了很多厂房、设备和人力，但是，它的经营理念并没有发生太大的变化。那么，一个企业如何真正成为现代化企业，能够和别的大企业同台博弈呢？这就需要企业进行本质上的改变。

有些企业虽然规模做得很大，但是，却不能称为真正的企业。这对于很多民营企业来讲是非常危险的，因为在经济快速增长的时候，它们姑且能够发展一段时间，当经济的发展速度开始放缓的时候，它们就很难生存了，因为它们的发展不仅靠自身动力，更依赖于经济发展总动力的带动。此外，企业在制定使命的时候，还有一些注意事项：

1. 不要制定根本不能实现的使命，可以先制定一个可以实现的使命，当实现后再对使命进行修改。

2. 不要频繁地修改使命，因为这样的使命没有人会重视它的存在。

3. 真理有时候在多数人手里，有时候也在个别人的手里。这个时候，不要受到任何影响，只要是正确的使命就要相信。

4. 使命深入人心的过程本身就是一场变革，没有阻力的变革根本就算不上变革。

5. 企业的使命必须是整个企业的使命，绝对不能是某个人和某些人的使命。

第三节　企业精神和作风

如果说企业的使命感和责任感是企业发展的强大动力，随着企业的不断发展，这种使命感和责任感也需要不断地提升和修改。那么，企业的精神和作风则与企业的使命感和责任感是完全不一样的，因为企业的精神和作风是一个企业的意识态度，是一个企业的精神风貌和内部工作的风气。

一、精神信念的感召力

（一）精神能给人带来持久的喜悦

一个人对于整个社会来讲是非常渺小的，但是，人是整个社会的核心组成部分，对于这个社会的核心组成部分来讲，他首先需要的是物质的需求，这是生存安全的必要保证，接下来就是精神等更进一步的需求了。这些需求影响着人们为之奋斗。这就是为什么企业在进行绩效考核和奖罚的时候一定要考虑被考核人群的需求。那么，企业的精神是用来干什么的呢？首先，精神不是一个口号，不是企业某几个人的精神信念，而是企业全体人员的精神信念。想让员工提升工作和生活的幸福指数，靠的不单单是物质上的满足，因为人对物质的需求只能是越来越多，没有满足的时候，靠物质激励是很难激起人们持久的喜悦。这个时候，企业就需要用一种精神来帮助企业和员工得到持久的喜悦。人们在工作的时候带着一个乐观的情绪更能将工作做好。反之，如果一个人工作的时候带着疲惫、烦恼等负面情绪，那么，再先进的管理方法都很难发挥它最好的效果。所以，美国著名的管理学者托马斯·彼得曾说："一个伟大的组织能够长期生存下来，最主要的条件并非结构、形式和管理技能，而是我们称之为信念的那种精神力量以及信念对组织全体成员所具有的感召力。"

（二）社会活动影响到每一个人

人生活在社会中，自然而然地会受到社会发展带来的精神引导，所以，人心中的精神、意识有很大一部分是来自于整个社会。企业经营活动是整个社会活动中的一部分，在企业中，工作也是一个人整个人生的一部分，不管这个人是企业的总经理，还是普通的员工。可见，人在工作的时候，是以企业这个组织机构为单位参与社会活动的。而当一个人处于非工作状态的时候，则是以个人生活的形式参与到整个社会活动中的。总而言之，人的精神、意识是在社会中培养和产生的，其中有一部分来自于非工作状态时的社会，一部分来自于企业。由此可见，一家企业制定自己的企业精神时，如果脱离整个社会的精神面貌是完全不科学的。所以，一定要结合整个社会的精神面貌，来制定出具有自己的特点的企业精神。

一个历史时期有一个历史时期的精神文化，我们必须要了解和接纳它。在管理企业的过程中，也要对这种精神和文化合理利用。

（三）企业精神的个性化追求

1.企业对精神的理解一定有个性化的一面

在上文中，我们说由于企业是社会的一个成员而已，所以，企业不论做得有多大，它都存在社会精神，这是任何企业都不可以视而不见的。因为这个社会精神将无时无刻地渗透到企业的每一个角落，企业面对这样的社会精神，只能是分析、了解它，对其进行优化利用，对错误的精神要用正确的方法逐步消灭，建立企业提倡的精神。

企业的精神中还有非常重要的另一部分，那就是个性化的精神。这个精神，一般和企业的创始人以及其当时的创业经验有关。在企业的创立和发展中，这种精神起到了巨大的推动作用。因为每个企业的价值观和发展历程都不一样，企业的创始人和员工对企业发展的理解也不一样，所以，很多企业在进行个性化的企业精神的选择的时候，往往都是不一样的，很少有完全一样的企业，如图4所示。

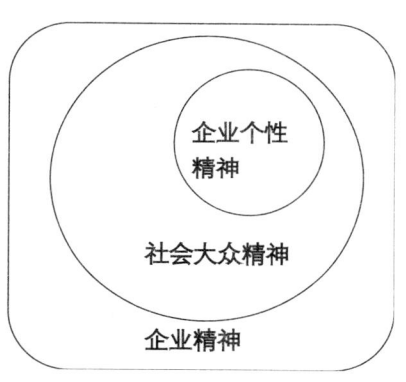

图 4　企业精神的内容

企业精神具有个性化的一面，所以，我们无法完全复制和模仿其他企业的企业精神，这就是为什么那些成功的企业宣传自己的企业精神的时候，很多企业相继学习却很难成功的原因。很显然，企业精神对于那些成功的企业来讲，会帮助其提升企业的凝聚力、整体形象，并且，还是企业品牌化的一大支柱，但是，其他企业的企业精神再好，那都是人家的，并不是自己的，企业需要总结出自己的企业精神。下面，我以一个案例来告诉大家，企业精神有它的社会大众面，也有它个性的一面，个性的那一面是其他企业根本学不到的。

案例分享 18：精神成为装饰品

在浙江杭州有一家生产家具的企业，它在行业内有很大的声望。我第一次和这家企业的董事长谈企业管理的时候，发现他们非常崇拜海尔

精神成为装饰品

的管理文化和精神理念。在该企业，随处都能够看到海尔文化和海尔精神的宣传标语。这家企业的董事长告诉我，他们的高管都不止一次参加了对海尔精神的学习。每当我们谈到海尔的时候，他的话就多了起来，并且是滔滔不绝地告诉我，他对海尔精神研究得多么深。于是，我问他：你要建立一个什么样的企业精神呢？他坚定地告诉我：当然是海尔精神了。然后，他又继续说，他们企业一共请来多少研究海尔文化的老师，他们企业内部有专门的机构完成这项工作。当我问到他们的文化建设效果的时候，他告诉我说：效果不好，基本没有什么变化，主要是负责这个项目的人员存在问题。我问他：员工对这个文化是怎么理解的。他告诉我：很好。我又问好在哪里呢？他说感觉好就行。其实，企业精神也有它不可复制的一面，完全按照榜样的方式去做，或机械地进行口头宣传，是起不到很好的效果的。

2. 企业走过的路，决定了企业对精神的理解

每个企业的发展过程是不一样的，他们对企业发展的理解自然也是不一样的。不一样的理解，是不可能产生一样的企业精神的。当然，有些精神是可以模仿的，因为它是社会精神，是属于整个社会大众的。但是，个性的那部分就不要多想了，因为这部分是同行业、同规模的企业进行区别的依据，也是使那些同行业、同规模的企业最终有不同的发展结果的原因，有不断发展壮大的，也有不断走下坡路的。值得注意的是，企业精神中包括社会精神和企业个性精神，企业的精神绝不可以过多地社会化，因为这样一来，企业就失去了个性化的一面。一个企业不能没有个性，那是企业生存和发展的根本。同样，企业也不能过多个性化，否则，企业就很难融入社会。当一个企业不能融入社会的时候，这个企业就一定会失败。

二、企业精神的分类

不论我们是优化已有的企业精神还是要建立自己的企业精神，我们都需要了解企业精神主要分为哪几类，然后根据企业的发展需要和特点来设定属于我们自己的企业精神。那么，企业如何发现自己的企业精神，如何有效利用企业精神，帮助企业赢得市场呢？企业精神主要分为三大类，他们分别是：明确目标型、核心能力型、价值强调型。

（一）明确目标型

很多企业将自己的发展目标设定到企业精神中去，想用企业精神来帮助企业实现发展目标。这个目标可以是企业的发展战略目标和经营目标，也可以是抽象的精神目标。根据企业精神中所采用的目标来源不同，目标型企业精神可以分为具体目标型和抽象目标型。

1. 具体目标型

具体目标型是指企业根据自身的发展战略和行业的未来发展方向、企业的经营目标所制定出企业的目标型精神文化。例如，万向集团的企业精神是"奋斗十年添个零"，从这个企业精神中可以知道企业的十年发展战略目标是什么。

2. 抽象目标型

抽象型目标是指那些模糊形容和概念性的企业发展目标。例如，快乐、幸福等模糊形容词，还有人间、社会、未来等概念词。例如，美国电报电话公司的基本使命——"把电话服务普及到每一个美国人"。这家公司的企业精神口号中有"普及"一词，这是模糊形容词，所以，这家公司的企业精神属于抽象目标型企业精神。

（二）核心能力型

市场对于消费者来讲是一个满足人们物质和精神需求的地方，是给人带来幸福和快乐的地方。但是，对于企业来讲，市场就是战场，企业为了生存和发展必须接受来自市场的考验。有的企业在考验中存活下来了；有的企业不但存活下来了，而且，还获得了更多的市场份额。对于那些市场上的胜利者而言，市场给他们的不是鲜花和厚礼，而是更大的要求，所以，企业做得越大，面对的风险就会越大。这是一个成熟的企业家和企业高管都应该明白的问题。所以，企业发展了，企业的员工应该因此而变得更加成熟，而不是忘乎所以。

有很多企业是依靠不对称的低廉价格战来获取市场的，而他们的产品除了便宜以外没有任何优点可言。有的企业家意识到了这一点，可惜，大部分企业家还是痴迷于曾经的辉煌无法自拔。前者明白了企业需要马上改变现状，于是，他们在进行企业经营的过程中非常重视对企业核心竞争力的提升，并且，以此作为他们的企业精神。例如，有家公司的企业精神是："世界各地二十四小时服务。"企业要实现同行业都无法做到的二十四小时服务，这就是这家公司的精神动力。

（三）价值强调型

企业的价值不仅表现在产品上，产品的价值只是现代企业自身价值体现的一部分，还有一部分是企业的精神价值。这种精神价值是对企业员工的一种极大的激励和错误行为的有效约束，同时，也是对企业的社会形象的价值塑造。所以，采用价值强调的方式制定企业精神的案例比较多一些。例如，云南风糖集团的企业精神："'蜜蜂'精神。"该企业是通过图腾的方式强调自己企业的精神。长城汽车的企业精神："狼兔精神，玩命提品质，疯狂抓执行。"具有像狼一样敏锐的市场反应能力，有事事争先的主动进攻意识；具有兔子一样强烈的生存意识和危机意识，有机智、灵活的快速反应能力，这就是长城汽车强调的企业价值。美国IBM公司的企业精神："IBM就是服务。"这句话虽然很短，但是，明确地强调出IBM的企业精神和企业的价值。

当我们了解了企业精神的分类后，就可以根据企业的实际情况进行企业精神的建立工作了。

三、企业作风的吸引力

（一）好的作风加上正确的方案，才能产生高效的结果

企业作风和企业精神不一样，企业精神是对员工的感召力，而企业作风则是对员工的吸引力。一个充满正能量的企业作风，不仅有助于提升企业形象，最重要的是，可以帮助企业吸纳更多的人才，可以让企业的运营氛围更有利于员工的工作和学习。

好的工作作风可以给员工提供一个舒适的工作环境，这是很多企业非常需要改进的地方之一。现在，很多企业都存在着严重的作风问题，主要问题有：官僚文化——企业里到处都是一言堂，分配工作的时候，

讲话的人多，做事的人少；出现问题的时候，看热闹的人多，解决问题的人少；太极文化——将一件事情推来推去，本来很简单的事情被复杂化；享受文化——只要是公事，能摆多大排场就摆多大排场，铺张浪费；懒惰文化——员工认为自己的企业已经做得很不错了，产生了怠慢的情绪，不求上进；无责任心文化——认为企业有的是钱，虽然自己造成了一点损失，但对于企业又算得上什么，如果在这个企业干不下去了，那就另换企业，反正是打工，给谁不是打啊。上述说的是一些常出现在企业管理中的现象，凡是存在这些问题的企业都是作风严重出现问题了。这时，企业不仅要树立优良的企业作风，还需要对企业现存的作风进行"系统治疗"。

（二）企业作风是一个企业的做事规范

企业作风和企业精神是完全不一样的，企业精神是一个企业的灵魂支柱，企业的作风是存在于企业每一个人的行为规范中，但是，它们都应该和企业的日常管理风格联系起来。也就是说，当我们提到某家企业的时候，我们不仅对该企业的产品有一个评价，还对该企业产生一个认知。企业作风则是企业员工的做事态度，以及该企业的工作原则。例如，长安集团的企业作风是："今天的事今天完，明天的事今天想。"中国人寿保险公司的企业作风是："严谨高效，热情周到。"最后，我们说说海尔的企业精神和企业作风三次改变的故事。

案例分享 19：海尔企业精神和企业作风的发展

从 1984 年到 1995 年是海尔的十年创业期间。在这十年里，海尔完成了从无到有、从小到大的转变，从生产冰箱到生产其他家电。这段历史被称为海尔的第一个十年，这十年海尔的企业精神是：无私奉献，追求卓越；企业作风是：迅速反应，马上行动。

从 1995 年到 2005 年，以海尔建成工业园为准，这时的海尔要建设成为一家国际知名企业。2005 年 8 月 30 日，《金融时报》评选中国十大世界名牌，海尔荣登榜首。在全球白色电器制造商中，海尔排名第四。这段时间被称为海尔的第二个十年。在这十年里，海尔完成了品牌全球化的目标，这段时间，海尔的企业精神是：敬业报国，追求卓越；企业作风是：迅速反应，马上行动。

　　从 2005 年开始，海尔为自己制定了另一个目标，就是将自己打造成国际顶级名牌企业。这时的海尔已经拥有 5 万名的员工，这些员工不只来自中国，而是来自于世界各个国家。这个时候，海尔已经能进行海外生产和销售了，它需要更进一步的国际化。海尔在过去的发展过程中受益于其企业作风——"迅速反应，马上行动"。因此，海尔马上行动，对自己提出了更高的要求，那就是"人单合一，速决速胜"，企业精神也改成"创造资源，美誉全球"。

第 三 章

彰显企业文化——将最容易
做好的加以提升

本章导读

第一节　发现瓶颈，寻求突破

一、制定目标是为了发现企业文化中最弱项——瓶颈

发现瓶颈不是根据企业管理人员的感觉，寻找企业文化中最差的地方，这样很难找到，反倒容易找到一系列的问题，但是，这些问题都不是问题的根源，只是企业问题根源所呈现的各种现象。通过本章的系统讲解，你将知道如何建立企业的文化目标，然后，结合企业的实际情况寻找出企业的文化瓶颈。

企业的文化瓶颈一定是企业某个文化建设项目的不足，接下来，我

们就要对其进行充分挖掘。企业文化是随着企业的发展不断产生的，所以，任何已经产生的企业文化内容都是企业这个生命体中的一部分。那么，如何挖尽不足的企业文化内容呢？既然我们的企业文化目标已经建立了，可以根据现状分析哪个离企业文化目标最远，哪个就是企业文化建设的瓶颈项目。面对企业文化瓶颈项目，我们不能采用命令的方式予以补充和加固，这样很显然是非常不明智的做法，也是企业文化建设中最无奈的选择。

二、找到最弱的企业文化目标项，且对原有属于正能量的项目不断培植

我们可以从企业文化的生命特质的角度，对企业文化目标项中最弱的地方进行"生命培植"，让其在最短的时间内快速生长，让我们所提倡的企业文化的能量不断聚集、壮大，从而消灭掉我们所否定的企业文化内容（培植、壮大一种我们需要的企业文化，然后以压倒、覆盖的方式，消灭掉我们所反对的企业文化）。所以说，企业文化的改善不是靠一个方案就能够解决掉的事情，它是需要企业制定一个长期计划，不断培植、引导，最终成长、壮大的改革工作。

如何对企业文化中最弱的项目进行不断挖掘呢？首先，我们必须明白企业文化的生命特质，之后，我们才能制定出正确的方案。其次，结合我们的民族文化，从企业文化最弱的项目中，利用传统文化来给予营养输入，然后，通过对传统文化的不断深入挖掘，从而带动企业文化中最弱的部分发展壮大。简单地讲，就是我们以传统文化作为我们进行企业文化建设的依靠，在不断壮大和完善传统文化的过程中，不断提出具有企业个性的企业文化内容，这样做将会起到事半功倍的效果。

三、国内企业文化中一般都存在的瓶颈项目

国内的很多企业进行企业文化建设的时候都喜欢学习国外的做法，认为西方的企业文化都是好的。这种盲目的崇拜是存在问题的。首先，我们中国拥有悠久的历史，历史本身给我们留下了非常好的企业文化土

壤，我们没有必要去模仿其他国家的企业文化，因为我们自己的文化已经非常厚重了，何必采用修改的方式来做企业文化建设呢？如果我们学习国外的企业文化，有可能跟我们的一些传统文化产生冲突。这个时候，我们势必要对传统文化进行修改，然后，导入我们认为更好的企业文化——其实，这样做企业文化大可不必，因为我们中国的企业文化不仅是我们的骄傲，也是很多外国人可望而不可及的，我们何必舍近求远呢？

我们只需认真地研究中国的传统文化，结合我们自己企业的文化目标，对我们的企业文化进行合理的挖掘。这样不仅效率高，效果也更好，而且更加稳固。

四、明确文化目标

欲完成一件事情，首先，我们要知道这件事情要做成什么样，换句话说，就是我们要做出什么样的结果来。这个结果就是现阶段整件事情要完成的目标效果。对于企业文化目标而言，首先要非常明确，目标模糊会给执行带来困惑和误导。为了完成一件事情，我们肯定要制定出一个计划来，在执行计划的过程中肯定会出现过去的负面企业文化和我们所提倡的新企业文化的相互碰撞，在碰撞的过程中就会有斗争。如果我们没有一个明确的企业文化目标，就很难保证这样的斗争一定能够取胜。没有目标的项目就像扎在土里的木棍，很容易被拔出；而目标模糊的项目就像扎根浅的一棵小树苗，虽然拔起来比较费劲，但是，经不起多次考验。

在管理学中，有一种方法被很多业界的专家誉为"简单而有效的常识管理"，它就是 TOC 管理方法。TOC 管理方法非常注重聚焦，注重脚踏实地地、有计划地消除瓶颈。那么，TOC 管理法聚焦的是什么呢？有人讲聚焦的是目标。我们知道当一个项目的目标已经非常清晰、明确的时候，我们接下来要做的事情就是如何实现这个目标，而不是一直盯着看这个目标。很多企业在管理过程中，当指定出一个目标的时候，大家做的最多的事情就是时不时地谈论这个目标多么地好，而忽视了目标的实际进度如何，我们现在遇到的主要问题是什么，我们有哪些有效的解决方案，这个方案是短期的方案，还是长期的方案。这是完成一个目标需要进行的工作。只是一味地欣赏自己的目标是没有任何意义的，可见，企业管理要聚焦的不是目标。那么，企业管理中要聚焦什么呢？正确的答案是瓶颈限制资源。什么是瓶颈限制资源呢？我们知道完成一个项目或者一个工程都需要很多的资源，这些资源不仅是指资金和物资资源，也包括信息资源和人力资源等。完成一个目标的过程中一定会出现这样和那样的难题，而这些难题从外表看来是一件事情或者一个需要解决的问题。其实，进行分析时我们会发现是我们的某项资源不足，因不能够很好地完成该部分内容而形成了某些难题。那么，这些不足的资源就是TOC管理中所讲的限制资源，而这些限制资源对当下限制影响最大的那个就是瓶颈资源。这个瓶颈资源就是要消灭的对象。当一个旧的瓶颈资源难题被消灭掉了以后，自然而然会产生新的瓶颈资源难题，然后，再将其消灭，就这样反反复复、周而复始，最终一定能完成该项工作。

第二节　企业文化中的历史渊源

企业文化一直以来都非常受企业的管理者们重视，不论是在企业里任职的高级管理人员，还是那些企业管理的研究人员和学习者，他们基本都认可企业文化在企业管理中的重要性，同时，他们也意识到了企业文化体系的建立是多么的难。很多企业都有过进行企业文化建设的构想和行动，但是，在实施的时候总是高调开始、低调结束。很多企业管理人员谈到企业文化建设的难度和失败原因的时候，总会谈到人的因素。其实，企业文化也有自己的特质，抓住了这一点，就能很好地建设企业文化了。

中华民族有悠久的历史，也有深远的文化。面对我们的国情，我们在制定自己的企业文化的时候，一定要考虑到我们的历史文化。这就是为什么很多企业在学习国外的和现代先进的企业文化的时候，多数都会水土不服的原因了，因为我们的传统文化已根深蒂固。我们在学习、借鉴或复制外来企业文化的过程中，会发现有些企业文化根本不属于我们，我们的文化通过祖辈的教导，已经注入到我们的血液中了。外国名企的文化可以作为我们学习的参考，但绝对不是我们的复制对象，我们要依托中华传统文化来创建我们的企业文化。

第三节 国内企业应当具备的文化

一、企业文化不是科学建模，它是生命成长

国内许多企业的文化建设工作之所以效果不佳、生命力不强，一个非常重要的原因就是，我们的企业文化建设工作是建立在一个模型的基础上，而忽略了企业文化本身的生命特征。企业文化不像其他企业管理系统的建设，其他企业管理系统的生命特质不强，而企业文化的生命特质非常强。所以，企业在进行文化建设的时候不能将其只是作为一个新的管理系统建设工作来对待，要以培养新生命的方式来进行建设。

二、建设企业文化要有实际行动

许多企业的企业文化建设大多采用说教的方式，而真正意义上的企业文化建设来源于企业的各个环节。我不是否定说教，通过宣传企业的文化，让员工知道我们提倡什么，我们喜欢什么，什么才是我们的目标，这是企业文化建设中必须要做的事情。但是，很多企业文化建设只是宣传，而忽略了行动，用俗话讲："说一套，做一套。"企业文化建设不在于你说了多少次，你对它有多么地重视，而在于你是否将企业文化建设深入到行动中去。

三、企业文化和企业运营管理都要不断发展

我们可以将企业管理分为企业文化和企业运营管理。通过这样的分类，我们就可以明白，企业文化建设不同于企业运营管理建设，企业运营管理中包括制度、流程、考核等，这些都是硬性的规定，要求员工必须遵守，否则，直接影响到个人的利益。企业文化管理并没有那么多的规定，它更多地在于"修心"。大家知道如何"修心"吗？具体来讲，就是通过限定行动、创造氛围、不断学习来实现的。限定行动就是指企业的各种制度规定。而创造氛围除了对环境的改善外，还可以通过奖励和一系列的引导，让企业形成学习型、诚信型等一系列的文化氛围。最后是不断的学习，就是通过一些激励措施，组织大家不断学习，最终实现价值观的统一。

四、现代企业中应有的新文化

过去我们常讲，要建成一个高效的企业团队，总经理就是这个团队的头。新的企业文化已经超越了这种要求，光是建立一个团队，已经无法满足生产效率的高速发展了。第三次工业革命给企业文化带来了新的要求，就是一个字——"和"。"和"这个字不只是指"和谐"那么简单。这里的"和"是要企业与团队合为一体。如何实现这个"和"的结果呢？经过思索，我们发现，如果企业所有的员工能够成为"一家人"，就实现

了"和"的效果。让一个企业成为一个大家庭，需要做以下这些事。

（一）企业应做到的几件事

1. 遵商道，敬客户

对于一家企业而言，什么是它的天，什么是它的地呢？我认为，天是指"商道"，地是指"客户"。所谓商道，就是指为商之道，不论你是做制造业的企业，还是做服务业的企业，你都要遵循商道。因为商道不是什么硬性的规定，而是经商的经验、方法，也是经商的学问、规律，是经商的道义。只要经商就一定会遵循这个规律。例如，你诚信待客，换来的一定是客户对你的尊重；如果你出尔反尔，换来的一定是客户对你的猜忌。那些凡是做大做强的企业，它们一定是遵循商道的。

案例分享 20：凤凰重生

谭木匠在创立之初非常困难，他们给自己定的目标就是制造出高品质的木梳。而同行为了降低成本，通过价格战来赢取市场，于是，将大量的低品质的、价格便宜的梳子输送到市场，给谭木匠带来了极大的冲击。在那段时间，谭木匠的资金链出现了严重的问题，他们希望通过手里的一笔大订单来缓解资金压力。没想到，按照企业的质量规定，有四千多把生产出来的梳子不符合质量要求，导致本来赚钱的订单也赔钱了。于是，高管给总经理出了一个主意：这四千多把有问题的梳子对于同行来讲根本不是次品，我们简单地维修一下，很容易就卖出去了，可以缓解我们的资金压力。总经理不同意这样做，为了打消员工们这样的想法，他下令将这批梳子全部销毁。所以，当今天大量的梳子制造厂因市场不景气倒闭的时候，谭木匠的生意却非常好。

上面例文中的谭木匠的做法就是商道。商道会保护那些尊重商道的企业。一个企业要想发展，一定要遵循商道，一味地靠耍小聪明是很难为企业的发展护航的。

谈完"天"，我们接下来谈"地"，何为"地"呢？上文也讲了，"地"就是客户。俗话说："客户是上帝"。这句话误导了很多人，他们认为客户要的就是我们要给的，所以，客户希望商品价格便宜，企业为了降低价格，不惜降低商品的品质。结果，一步步走上了不归路。其实，客户的需求，我们要尊重，但是，客户的需求不能打破企业经营的原则，所谓原则就是"商道"。

案例分享21：和臭棋篓子下棋，只能是越下越臭

有一家国内较知名的汽车生产企业，这家企业在进行零配件采购的时候，以价格为衡量标准，只要厂商的价格足够低，就采购。另一家企业本来一直给外资企业供应零配件，并且，一直以来都得到了很多外资企业的赞许。为了扩大市场，这家企业开始开发国内市场，为了满足国内这家知名汽车生产企业的要求，他们不断压缩成本，甚至压缩原材料成本，最终，他们接到了国内这家企业的订单。但是，一年后，这家做零配件的企业却失去了外资企业的订单，因为他们误入歧途了——为了降低成本而降低了产品的品质。

我们是要满足客户的需求，但是，我们一定要遵循商业道德，尊重客户。企业的过去靠客户的支持，企业的未来也离不开客户的信任、忠诚。对于一家企业来讲，想成为某一个供应链中永远不被抛弃的对象，就必须和供应链中的供需双方处理好关系，谁也不能离开对方。如何衡量一个企业是否和供需双方形成了这种不可或缺的关系呢？就以你的存在与否是否影响到了别人为准，如果你的存在与否都不会影响到供需方，那么，你的处境就危险了。有很多企业存在投机心理，为了获取利益不惜伤害到整个行业，他们通常的做法就是不遵商道，不敬客户，像这样的企业很难与某个行业或供应链保持长久的合作关系。

2. 建立一支"家文化"的团队

一家企业的员工不只是一支高效的团队，他们还要像一家人一样，有共同的目标和利益。

我们首先需要回答一个问题：什么人是你的家人？面对这个问题，可能有人会说，生我的和我生的，还有我爱的和爱我的。如果这样讲的话，那么，我们对家的理解就很狭隘了。在古时候，师傅和徒弟是一家人，因为有一句古话叫："一日为师，终生为父"。还有结拜的兄弟姐妹也是

一家人，和自己志同道合的朋友也是一家人，有一句古话叫："为知己者生，为知己者死"。那么，到底什么样的人是你的家人？我们可以简单地理解为，一荣俱荣、一辱俱辱的人就是你的家人。可能有人会这样理解，那就是只要他有钱了，我也就有钱了，这样的人就是我的家人了吗？如果这样理解，那是绝对错误的，因为钱财只能建立利益关系，而家人之间并非是通过利益关联连接在一起。一个企业如果是靠物质来完成团队建设，那么，获利的时候他们会互相嫉恨；而失利的时候他们会大难临头各自飞，这样的企业团队是经不起考验的。企业应该建立一支"家文化"的团队。当遇到困难的时候，大家为了共同的目标会一起坚持下去，当到了收获的季节的时候，大家先想到的是别人。

3. 要忠于自己的行业

人小的时候基本都会问大人，我是从哪里来的啊？大人回答："你是从石头里蹦出来的啊。"这是哄小孩的一句玩笑话，但是，通过这两句问答，我们就可以清楚地明白，我从哪里来对于一个人来讲非常重要，因为这是一个人的根。一棵树枝叶茂盛，需要长出众多的根系来吸收土壤的营养。所以说，一棵树有多大，它的根系就有多大，这是成正比例的。同理，一个企业也有它的"出处"、它的根，而企业所处的行业就是它赖以生存和发展的土壤。

为什么很多企业做不大、做不强呢？就是因为他们没有持之以恒地把企业做下去，而是稍遇困难，就畏缩不前，或是直接选择逃避、放弃。有个企业家和我沟通，告诉我：他创建这家企业是多么地不容易，现在他老了，也累了，不想将企业做大了，这个行业的利润空间也小了，他打算凑合着赚点钱就行。还有很多企业家告诉我，他们的这个行业过去利润有多么的大，现在的利润多么的小，他们不打算继续搞下去了，准备投资其他行业。类似于这样的话语，我听到的实在是太多了，很难想象，这些企业能够做大、做强。

当一个人对自己从事的行业失去了信心，打算放弃的时候，你认为他还能成功吗？当一个人拼命争取的时候，我们都无法保证他一定能够成功，何况他已经放弃了！创建一家企业不是那么容易的一件事情，这里需要行业发展的带动和行业的认可，当我们放弃自己熟悉的行业去投入陌生行业，你能确保这个行业一定会接受你吗？对于那个曾经一直在支持我们的行业，我们不去精心维护，而是到另一个行业中去，这只是一种投机行为。因为有了这个行业，才有了我们的企业，因为有了这个行业的发展，才有了我们的成长。现在，因为行业不景气了，我们就毅然放弃它吗？

说了这么多，我只是想告诉大家：干一行就要爱一行，不要轻言放弃，因为没有人知道下一个是否一定好。当一个行业走入下坡路的时候，有可能就是你要为这个行业做出贡献的时候。这时，我们就要想办法给这个行业注入新的活力，比如服务的升级、产品的更新换代等。对于一个企业而言，员工要忠诚于某个行业，企业也要对之不离不弃，这样大家才能都有根，才能都有安全感。例如，当手机生产企业都为了那小小的利润而不停地进行价格战的时候，当大家都在抱怨行业不行的时候，苹果的智能化手机给整个行业带来了希望。一个苹果手机的成本不高，却卖五六千元，而且，人们还疯抢。这样的案例很多，我们就不一一地讲解了。

4. 礼待供应商

企业在与人合作的过程中，还要重视供应商。简单讲，就是有福一起享，有难一起当。互相尊重对方，礼遇对方，感谢对方的给予。

很多企业管理者认为：客户是利润的来源，而供应商是成本的来源。于是，就产生了两种处理关系的方法：对于客户，竭尽所能诱取利润；对于供应商，竭尽所能"压榨"、"剥削"。但是，现在很多管理者终于明白了，现代企业之间的竞争也是供应链的竞争，而客户和供应商是紧密地将我们拉入供应链的合作方。我们与客户、供应商之间的紧密程度不仅会影响到供应链的整体竞争力，同时，也会关系到我们在供应链中的稳固性。所以，我们的企业要和客户、供应商以及其他相关单位形成友好合作关系。很多人可能会说，要我们企业重视客户、银行都可以理解，但是，我们为什么要礼待供应商呢？你可知道：你的产品质量、原材料质量与供应商有直接的关系？你的产品研发与供应商的配合有直接的关系？你的产品成本优化和供应商的真心配合有直接的关系？你的产品准时交货率和生产周期缩短，还有库存减少，都需要依靠供应商来配合。为了这些，我们难道不应该礼待供应商吗？

（二）员工应做到的几件事

1. 通专业，重市场

作为企业的员工，除了要遵商道、敬客户以外，在企业内部还要重视两样东西：一是行业，二是市场。一个人要想成功，首先必须寻找到适合自己并且喜欢的行业，因为这样才能把一生的黄金时间聚焦在这个行业上，才能有所成就。值得一提的是，并不是每一个人都能做总经理、高级管理人员。很多人虽然没有成为企业家、企业高管，但是，他们成为了一名专业的工程师，这难道不是一种成功吗？

记得我在给东风汽车进行管理咨询的时候，他们的一名设备维修工非常有名，他能够从设备里听出 28 种声音，能够根据听到的声音和设备症状对设备进行专业的维修。很多企业的总经理和高管都会亲自到他们企业请这位技术工人帮助他们维修设备。这家企业的管理人员（包括他们的总经理等）都对这位技术工人非常恭敬。你说这个人是否成功了呢？这样的案例有很多，例如，那位被全世界管理学研究人员称为科学管理之父的泰勒，他一开始是一名钳工，但他最终拉开了科学管理的序幕。

我们的老祖宗有一句名言叫"行行出状元"，人生的道路并非只有一条。孔子说：三十而立，四十不惑。就是指三十岁的时候就必须确立方向了，四十岁的时候就没有什么可以顾虑、疑惑的了。人的一生时间并不多，何况，每一段时间都有我们的人生任务。所以，我们要找到一生要从事的行业，除非你轻视自己的生命。此外，员工还要重视市场。这里说的市场，不是指我们企业所处的行业的市场，而是那些欣赏我们能力、价值的市场，那些愿意和我们进行商业来往的客户。从这个角度讲，企业就是我们的市场，企业聘用了我们就是看到了我们的价值，这个价值不只是现在的能力，还包括我们的发展潜质。

2. 员工要学会感恩

经济的迅速发展大幅度地提高了人们的生活水平，但也让人与人之间隔得越来越远。造成这一切的一个主要原因就是人们的欲望超越了人的情感，尤其是很多人缺少一颗感恩的心。人和人之间没有了感恩，互相之间都想如何利用别人而不被别人利用。在一家企业中，很难实现绝对的公平，只能实现相对公平。结果，大家无法抹平那些相对公平中的缺失，于是，人们开始想办法让自己成为相对公平中获利最多的一方。最后，大家不相信公平，出现了没有占便宜就算吃亏的思想……

企业在进行文化建设的时候，要让员工懂得感恩——对社会感恩、对企业感恩、对客户感恩、对领导感恩、对同事感恩，等等。感恩的心不可丢失，因为你丢弃了别人，别人也会丢弃你。

3. 企业和员工应互相珍惜、尊重对方

企业中的所有人员都要互相尊重、珍惜对方，互相感恩对方的给予。如果没有对方，光靠自己是无法完成对客户的服务的，是无法从客户那里赚取利润的。

大家之间没有什么优越之分，失去任何一方都无法顺利完成任务。为什么很多企业的员工的流失很严重呢？原因很多，其中有一个非常重要的原因，就是他们互相之间缺乏珍惜和尊重。员工认为工资就这么多，到哪家企业工作都一样，运气好一点，换一家企业有可能工资还可以多一些。企业认为，反正是拿钱雇员工，雇谁不是雇啊，张三走了，还有李四，李四走了，还有王五……这样一来，企业和员工之间没有了尊重和珍惜，团队的凝聚力可想而知，想做大、做强就更难了。再加上有些行业已出现专业人才严重匮乏的情况，在这个时候，企业更应该加强企业文化的建设。

第四章

迁就文化——企业文化
妥协只为长远目标

本章导读

第一节　迁就文化需尊重自然逻辑

一、错误的企业文化将会消弱正确的行为

如何迁就我们的企业文化瓶颈呢？首先，我们要从一些错误行为入手进行改善，对那些会产生错误文化的行为予以制止，从而迁就我们要提升的企业文化瓶颈。

很多企业不能够正确地理解企业文化的意义，认为企业文化就是一个企业对未来的理想和展望，而忽略了对员工价值理念的引导和对企业形象的塑造。

企业文化往往是几句话，但是，这几句话就是企业的文化信仰。员

工作为企业的一员，他们会将企业文化作为金科玉律来执行，这必将影响着他们的思维与决策。我一直主张，如果企业还没有进行企业文化建设工作，那么，请你一定要想好，如果你要做企业文化建设项目，你一定要制定出具有科学性和有效性的企业文化。否则，还不如不去做企业文化建设工作，因为错误的企业文化会毁掉一个企业的发展动力，下文中的这个案例就是一个典型的例子。

案例分享22：无休止的争吵

有家企业的企业文化中有这么一句话："相信自己，消灭一切阻拦我们发展的敌人！"这句话会让我们感觉到他们的领导者是一个非常强势的人，在给人以振奋精神的同时，也增加了很多不和谐的气氛。当时，我建议他们改两个字，将"敌人"改成"瓶颈"，因为当我们用"敌人"这个词的时候，虽然企业并非刻意针对某些人，但是，它却可以带来这样的心理暗示。当时，这家企业的总经理向我讲述了很多这方面的问题。他告诉我，他们决定进行企业文化建设的主要原因，是因为他们企业的凝聚力很差，员工经常发生争吵，很多时候，一个会议要开好几天，最后还是没有任何结果，最终只能靠总经理来做出决议。他说，现在一说开会，不光他们的管理人员们头疼，他现在都头疼，因为大多时候参会人员会吵得不可开交。在这种情况下，他也很担心他所作出的决策是否是正确的。他不知道是哪里出现了问题，为什么他们的员工之间就不能就问题讨论出好的解决方法，而一定是一方说服另一方，必须在会议上有一方是错误的，是要被消灭的；而另一方是正确的，是要被支持的。闹到最后，他们的几个副总经理之间也产生了很多矛盾。这些副总经理都在不同的场合向他反映某个副总经理是企业发展的障碍，甚至有一位副总经理说某个副总经理是企业的敌人，是他们的竞争对手派过来的间谍。面对这样的状况，这位总经理非常无奈，他说自己不是那种犹豫不决的人，但是，他的管理团队出现这样的情况后，让他很被动、很迷茫，很多事情上他还要做和事佬。

上述事例说明，错误的企业文化是企业发展过程中的绊脚石，不仅不能让企业提高运营效率，还会成为员工发生矛盾的诱因。所以，在制定企业文化时，一定要三思而后行。

对于上述案例中的这家企业而言，员工愿意为了企业去争吵，说明他们很爱自己的企业，他们希望企业好。有这样的一支期望企业发展，并且愿意为企业的发展努力奋斗的团队是企业的喜事，但是，由于我们在管理上出现了问题，导致大家在尽责的同时不能够有序地实现工作结果。这其中的原因有很多，其中包括会议开展的流程有问题。企业的整体工作流程多年来随着企业的发展，一直以来都是遇到问题后不断地进行修修补补，而没有拿出更多的时间，通过科学的管理流程设定并结合之前的经验设计出一套高效的企业运营流程。

除了上面的这些比较重要的原因以外，还有一个重要的原因——企业的所有工作人员都不愿意成为企业的"敌人"。当企业遇到难题需要大家给出一套解决方案的时候。首先，大家会对产生这个问题的责任者是谁而争吵不休，很显然，那个制造出问题的人就是企业的"敌人"。同时，大家在分析问题的时候，也尽量去选择别人的过错，从而冲淡自己的问题，避免自己是企业的"敌人"。在给出解决方案的时候，也会在保证自己不会成为企业发展的"敌人"的同时，尽力让大家按照自己的方案来实施，因为这样既能保证自己不会有机会成为企业的"敌人"，又能证明自己的方案是正确的，而那些反对这个方案的人是企业发展的"敌人"。这样一来，事情被复杂化了，本来可以解决的问题变得无法解决了。

总而言之，制订企业文化一定要让其充满正能量，因为具有负能量的企业文化会将负能量传染给员工。

二、聚焦核心问题，实现文化的建造

（一）聚焦正确的核心问题

TOC 管理方法的效果之所以能超过其他管理系统，是因为 TOC 管理方法强调聚焦的重要性。因为我们要解决一个问题，一定要聚焦到这个问题上来。其实，我们在日常的企业管理过程中，也基本是这样做的，但是，为什么结果却让人不满意呢？因为我们没有找到核心问题。如何确保我们所聚焦的问题是正确的核心问题呢？一个关键点就是要找到正确的目标，只有目标是正确的，才能够寻找到阻碍实现目标的瓶颈。

在进行企业文化建设的时候，我们也需要对问题进行合理、科学的聚焦，如此，工作才能顺利地开展下去。

（二）识别过去的文化中不属于自己的企业文化

我们要通过寻找我们企业文化中存在的那些本不应该属于自己企业的文化，然后，将其消灭，这个时候，就等于对企业文化进行了提升。

企业在进行企业文化建设的时候非常辛苦，效果总不能够让人满意。造成这样的结果，有一个非常重要的原因，就是他们设定的企业文化本身就不是他们的。通过前文的介绍，我们了解到企业文化受到很多要素影响，包括企业所在的地域、企业的发展历程、整个行业的发展状况等。所以，如果一个企业所制订的企业文化根本就不属于自己，不论如何去学习、执行都非常困难，因为这个企业文化不适合你。

有一段时间，我发现很多企业的企业文化宣传标语基本都是一样的，很多都是他们从网络上下载下来的，这样的企业文化根本就不是他们自己的。

案例分享 23：不是自己的企业文化

2010 年，我应某高校的邀请进行了一次总裁班培训。培训后，一家国内知名的家具企业邀请我到他们的企业看看，给他们一些建议。到了这家企业以后，他们告诉我：他们的企业在家具行业的某个领域排在前列。他们的企业硬件设施可以说在我所见过的家具行业中是比较好的，员工的工作环境和休息环境都非常人性化。当时，我在针对他们的生产管理和企业内部物流管控问题给出建议的同时，对他们的企业文化建设也提出了一些看法。

最让这家企业引以自豪的是，他们的企业文化建设在当地是很有名的，其他企业的很多高管都来他们的企业参观，还把他们的企业作为典型介绍给更多的企业家，很多企业家也经常到他们的企业中参观、学习。这家企业的董事长告诉我：他们的主要学习对象是海尔和华为，他每年都要派一些高管到这两个企业中去学习企业文化。我问他，一般要学习几天呢？他说，一般要学习一周左右。我又问他，如何对两家企业的企业文化进行取舍的呢？毕竟他们各有各自的一套企业文化系统，很多东西都是不相同的。他告诉我说，哪一个更适合他们，他们就学习哪一个。

对于一个爱学习的企业，我们首先是要鼓励他们，同时，我们也要帮助他们。最后，我问了他一个问题——我们企业的中高管都能够准确地说出自己的企业文化吗？他告诉我，有些人恐怕不行。我让他给我简单地介绍一下。他的兴趣一下子来了，和我讲了很多。我从他的话语中感觉到他很崇拜海尔和华为，但他并不明白他们的企业文化，同时，对自己的企业建造这样的企业文化完全没有信心。为什么会这样呢？因为那个不是他们的企业文化，就这么简单。

每个企业都有属于自己的企业文化，因为企业文化是由企业自己产生的。很显然，企业文化不是复制、粘贴就可以实现的，它是有生命的，它的生命来源于企业本身。寻找到属于自己的企业文化，并赋予它成长的生命动力，才是一个企业进行企业文化建设的关键。那些明星企业的企业文化也是在不断发展的过程中产生的，所以，它们的企业文化有它们的特点，我们的企业文化一定要有我们的特点。

三、塑造价值，提升企业文化的内涵

（一）塑造让大家真心拥护的企业文化

一个团队去完成一件事情，需要大家对这件事情都认同。否则，很难保证大家能够很好地完成这件事情。但是，在一个企业中经常会出现大家对一件事情产生分歧的情况。这个时候，企业的管理者会站在整个企业的高度做出强制性决定，这种事情在企业管理中是常有的。对于企业的运营管理工作而言，这样做是完全正常和正确的，但是，对于企业文化建设来讲就不太妥当了，因为企业文化最终形成于人们的内心中，展现在人们的行动中。企业管理可以管得了一个人做什么，却管不了他在想什么，这也是企业文化建设比较难的一个重要原因。所以，在得到大家的一致认同的同时，还要得到大家的绝对信任。所以，我们一定要塑造企业文化的价值，让大家不光要认同它、重视它，还要没有任何杂念地相信它是最好的、最正确的。达到这样的效果靠忽悠、蒙骗是无法完成的，因为这个世界只有自以为是的聪明人，没有绝对的笨人。所以，在进行企业文化的建设时，一切宣传的都要用事实案例证明，所说的和所做的要一致。

（二）以身作则，怎么宣传的就怎么做

如何打动大家的心呢？那就要以身作则。塑造价值不为自己，只为事业。没有人会看你怎么说，只会看你怎么做。

案例分享24："肯德基食堂"

在江苏有一家生产拉链的企业，这家企业创立时间较长，在同行中一直以来都有非常高的市场地位。近几年来，企业明显走下坡路，企业的总经理为了让企业找回往日的辉煌，于是，参加了很多高级研修班和一些高级管理课程。通过这些课程，这位总经理确实学到了很多现代企业管理知识，但是，他不知如何将这些知识用在自己的企业中。于是，他选择了自己可以做得到的一些方法，例如，让员工找到在家的感觉，这就是我们常讲的"家文化"。总经理投资重金对他们的员工宿舍和食堂进行改造，所购买的马桶等卫浴用品都是品牌产品，宿舍的地砖都是八十多元一块。他们的员工食堂按照肯德基的标准设计装修的。但是，现实的问题出来了——员工的凝聚力依然很差，甚至还不如之前。因为宿舍既然采用的是高价位的材料，那么，对后期员工入住的使用和维护要求就会很高，而他们的员工一天要工作将近十二个小时，每天回来了还不能马上休息，还需要打扫卫生。如果他们没有做好卫生，企业查出就会予以罚款。

我们还对这家企业的员工进行了调查，发现一些员工有很多抱怨。首先，他们的工资待遇在同行中是中等偏下的，且他们每个月基本没有休息时间，他们对此非常不满。他们的工作环境太差了，厂房是民房式建筑，房子的墙面和地面损坏非常严重，墙面多处有裂缝，而地面是水泥的，很多地方都已经露出土地面。更让他们郁闷的是，他们的食堂确

"肯德基食堂"

实很好看，但是，东西实在难吃，不是炒海带，就是炒豆芽，基本很难看到肉。所以，很多员工选择自己从家带食物。

这家企业选择"家文化"作为他们企业文化中的一部分，这一点是非常正确的，但是，他们没有明确自己要建立一个什么样的"家文化"。很显然，他们把"家庭"和"家文化"给混淆了。我讲过，做企业文化一定要做到："企业宣传的不能够脱离企业文化，企业怎么说就怎么做。"凡是看到这句话的人都会认为做到这点太简单了，简单到他们开始怀疑这是否能够帮助他们完成企业文化建设。但是，我实实在在地告诉你：很少有企业能够完全做得到。所以，很少有企业能够将企业文化做得非常好。企业文化经过科学的提炼、分析后，一经提出，企业不仅要考虑如何让员工遵守、执行，还要考虑如何保证自己先不违背。

第二节 全员参与聚焦瓶颈

一、企业文化，大家建设

（一）企业文化是一个系统工程

解决问题一定要注重聚焦，没有聚焦的努力，会将问题复杂化，很可能就会劳而无功。企业的发展离不开高瞻远瞩的目标规划，也同样离不开对企业问题的聚焦。企业文化建设工作是一个需要全员参与的大型项目，还是一个系统工程。一个需要全员参与的系统工程，而且，这个工程的针对对象就是企业的每一个员工，这就是为什么做企业文化建设的人经常不知道自己该从哪里下手，造成企业文化建设局限于部分人员的参与，导致企业文化工作就是某些人的工作，或者说这个问题就是他们的问题，企业大多数人都是看热闹的，甚至连热闹都不看的局外人。

有的企业进行企业文化建设时，一开始挺热闹，但是，慢慢地变成了形式。导致这样的结果，首先是没有将企业文化做成一个全员参与的工作，而且，在企业文化建设的过程中没有及时寻找到那些影响企业文化建设的负面能量，并将其消灭。

（二）员工不是企业文化建设的旁观者，而是参与者

如何做到全员参与呢？其实也很简单，那就是企业在进行企业文化建设的时候，不论是宣传工作，还是企业文化活动，还是把企业文化写入企业的制度规范的时候，一定要考虑全员参与这个问题。例如，很多企业进行企业文化宣传工作的时候，一般都是由人力资源部或者企划部等部门来制作企业文化宣传板报和其他企业文化宣传的宣传资料，而大多数人都只是被动参与。正确的做法应该是将宣传工作分配给各个部门，由他们来完成对企业文化的宣传工作，不要给他们设定太多的要求，尽量给他们自由发挥的空间，而人力资源部或者企划部等直接负责企业文化建设工作，只做企业文化建设的组织者、工作计划者、幕后服务者和活动考评者。

全员参与非常重要，因为每一个员工都是企业文化建设的受益者和参与者，如果他们都不参与，只是站在旁边作为一个评论者，这样就会让企业文化建设工作做起来非常困难、费力了。企业只有实现了这一点，才能很好地完成后边的"系统聚焦"工作。否则，企业文化建设中出现的问题，或者和企业文化相对立的负面能量将无法根除。

二、系统聚焦才能最快发现问题

企业文化建设是一个系统项目，先不说企业文化的组成架构本身就是一个系统结构，最重要的是，企业在没有进行企业文化建设的时候，在企业内部依然存在着一个企业文化系统，它隐藏在每个人的思想中，也影响着每一个人。企业制订出了明确的企业文化，这个全新的企业文化可能有一部分和改善前的企业文化相同，也会有一部分内容和之后制订出来的企业文化有冲突。因为企业制订企业文化时还要着眼于未来，自然就有很多新思想和过去的老观念进行斗争，这个时候，企业就一定要及时地寻找到冲突最厉害的那个错误思想或者矛盾点。

案例分享 25：发展太快了，我们都跟不上了

在广东有一家做建筑工程设施的企业，这家企业建立之初是一家地方集体制企业。后来，企业进行改制，成为一家股份制企业。企业改制之后对原有的一些制度和不必要的部门进行裁减，同时，扩大市场营销部门的职能，企业的市场营销能力得到了提高，再加上企业的生产技术依托原有的技术生产能力，使得该企业在同行中处于领先地位。

这家企业在改制后的第一年的利润就翻了三番，再加上后来他们的市场不断扩大，订单不断增多，他们把很多做不完的订单都转包给同行。就这样，这家企业不断发展壮大。

企业的发展速度让很多老员工产生恐惧，他们担心企业发展这么快会令很多出现的问题来不及解决，再加上录用了很多新员工，很多老员工能够返聘的都基本返聘了，一部分人也退休了，尤其管理层出现了青黄不接的现象。企业还引进了很多高端人才，但是，很多人最后都走了。所以，他们的企业出现了一个现象，就是他们的高管大都是返聘的老年人，而中基层的管理人员都是"70后"和"80后"。

这个时候，该企业的董事长提出要进行改革，他感觉企业好像失去了当初的那股子动力和激情，且员工的凝聚力非常差，用他们的话讲是一盘散沙。

董事长要对企业文化进行升级。他决定对企业文化和企业战略进行重新规划。于是，他找到了我们，经过详细的调研后，我发现这家企业继承了很多他们集体所有制企业时期的企业文化精神。例如，他们的企业文化中有这么一条，"我是企业一块砖，一切行动听指挥"。这条企业文化标语是他们企业文化的核心价值观。对于这条企业文化，我们发现其中有一些信息是可以继续使用的，但是，有一些是不可取的，下面我们进行一下简单的分析。

（一）新的企业文化内容和旧的企业文化内容间的冲突

按照以人为中心的管理思想，每一个员工都在企业中发挥着不同的作用，他们共同组成了这家企业。但是，他们和企业不是顺从和依靠的关系，应该是职业化的合作关系。也就是说，企业中的员工都是某个方面的专业人员，他们通过服务和企业换取回报。企业要想赚钱，就必须从市场中通过服务或商品交易等形式换取等价的利润，而员工通过各种能力和服务换取工资待遇。员工要具备独立的价值观，不能认为企业是一个法人，而自己是一个自然人，就可以完全依靠企业。

在上文的案例分享中，广东的这家企业的标语"一切行动听指挥"有它正确的一面，那就是大家的行动要统一，大家的目标要统一。但是，当一个企业的规模壮大了以后，企业的很多工作被细化，工作内容也专业化，这个时候，企业过度管理，就会打乱很多实际操作人员的工作，导致很多人的工作权限被削弱。所以，一个企业的管理工作更多的是制订工作目标，给出工作要求，可以在工作的过程中给出指导意见，但不能够一管到底。

"我是企业一块砖，一切行动听指挥。"这么一句简单的企业文化宣传标语，通过简单的分析，我们就会发现存在如此多的问题。所以说，企业在提出新的企业文化的时候，不仅要将其中正确的部分保留、发扬，同时要将错误的彻底消灭。

（二）否定错误的企业文化思想，才能够发扬正确的企业文化思想

在对上面案例中提到的这家企业进行深度调研后，我们发现在他们的企业文化系统中，负面影响最大的就是"我是企业一块砖，一切行动听指挥"这句话所代表的企业文化思想。于是，我们制定出详细的改善方案，以消灭这部分企业文化思想。具体的方案我就不做详细的叙述了，方案中包括了对企业整体组织架构的调整，以及对企业内部员工晋升机制的重新设计，还有对企业的一些工作流程的优化，将新的企业文化核心价值引入其中。我们帮他们设计的新的企业员工的核心价值是："我们是职业化员工……"

还是上文案例中的这家企业，当我们发现他们员工的核心价值观有

问题后，首先聚焦他们员工的价值观。当他们的老员工的价值观被淡化，新员工的价值观在不断成长的时候，我们发现影响他们最大的负面文化就是企业作风。于是，我们对他们的企业作风进行分析，并给出系统的改善方案。由于该项内容实在太多，这里就不做详细的讲解了，这家企业现在已成为同行和当地极为有名的企业，很多同行经常到该企业参观和学习。据说，他们建立了专门的部门来介绍自己的经验，这是对企业形象进行宣传的最佳手段。该企业现在还在进行他们的企业文化建设工作，正如我前文讲的——企业文化建设工作是一个持续不断的、没有终点的工作。

第 五 章

松绑文化——建造企业文化模式，酝酿文化思想

本章导读

第一节　建造一种企业文化模式

我们在前文已经讲过了企业文化建设工作一定要全员参与，要想实现全员参与，就必须实现企业员工主动配合企业进行企业文化建设工作。如何能够让员工主动配合企业的企业文化建设工作呢？那就要建造一个企业文化推行模式，我们在这里称该模式为文化模式。这个模式应该是一个可以让全员参与的平台，大家通过这个平台来进行企业文化建设活动。

前文中，我们说过，企业文化中一定存在一个最差的部分，我们将其称为企业文化瓶颈。首先，我们要通过对企业文化的提炼，寻找到文化建设的目标，有了目标我们就可以找到企业文化瓶颈，这时完成了聚焦四步骤的第一步——寻找瓶颈。面对企业文化瓶颈，我们不要急于解决，应先通过企业文化的特性，设计出能够对现有的企业文化瓶颈进行挖掘的方案。在这个过程中，我们必须认真学习中国企业文化中的特色文化，也是我们完全可以做好，但往往没能做好的企业文化内容。这样一来，就完成了聚焦四步骤的第二步——挖尽瓶颈。这时，我们发现企业文化瓶颈依然是企业文化中的最差项，依然是整个企业文化中的瓶颈，我们就必须采取聚焦四步骤的第三步——迁就瓶颈。如果经过第三步还是无法消除企业文化瓶颈，我们就采取第四步，通过一系列的方案、方法对企业文化瓶颈进行改善。对于企业文化瓶颈内容是否通过改善后依然是企业的文化瓶颈，我们可以通过企业内部问卷调查的方法来分析。如果大多数人认为企业文化的最差问题点已经不是之前我们所找的文化瓶颈，这个时候，我们就可以对新的企业文化瓶颈使用持续聚焦四步骤进行持续改善工作。

第二节　企业文化的惯性与发展

一、企业文化建设工作要形成惯性需求

企业文化建设工作是一个没有终点的活动，如何让这个活动持续下去仅靠对现实的改善带来的震撼和企业文化建设刚一开始的激情是解决不了问题的，因为现实的改善会越来越少，而激情也会随着时间逐渐淡化。所以，很多企业在进行企业文化建设的过程中都会出现的一个问题就是无法持续。如何让一件事情持续下去呢？答案是：企业文化的建设首先要能够给大家一种缓解困乏、带来喜悦的效果，然后，才能将这个行动常态化。

二、借用外力，持续建设企业文化

什么样的企业文化模型能够让人形成一个成功的惯性行动呢？不同的企业存在的企业文化问题是完全不一样的，企业文化模式也是不一样的。这需要对员工进行系统分析，靠集思广益来完成，或者请专业的咨询专家团队来完成，因为他们站在旁观者的角度看问题可能更清楚些。下面和大家分享一个案例，希望大家从这个案例中能获得一些启发。

案例分享 26：神圣的殿堂

在福建有一家制鞋企业，他们在行业中非常有名。该企业有 17 年的历史，发展过程非常坎坷，业内的每次震动都波及到他们，但是，他们都坚持下来了。随着时间的推移，该企业在一天一天地壮大，企业文化建设问题也慢慢凸显出来，企业试图进行改革，但每次改革都基本没有任何效果，最多只是做了一些华而不实的表面文章而已。于是，该企业请来了国外的咨询团队，想让其帮他们导入一些现代先进的企业管理系统，但是，项目进行到一半就夭折了。因为一套管理系统本身是有生命的，凡是生命体想生存、长大，就需要适合它生长的环境，就像淡水鱼需要生活在淡水中，而海水鱼需要生活在海水中一样。这家企业较为保守，一些先进的管理方法在没有使用之前，就已经被他们的传统理念所排斥了。那么，如何做呢？

这家企业的董事长听完我的课程后，希望能够帮助他们进行企业文化变革，于是，我们的专家团队进驻到该企业中，进行企业文化建设工作，整个工作过程的内容极多，这里就只对企业文化模式的建造进行详细讲解。首先，我们让该企业出版自己的企业文化半月内刊。其次，建立了一个企业文化报告厅，每周进行企业文化研讨会，每个月制定出企业文化宣传主题。该企业每年还进行企业改善活动，也就是由每个部门派遣的人员组成一个小组，小组总人数在 5~8 个人，大家就企业管理中存在的问题进行探索和分析，然后，每个人做出改善方案。最后，企业每个季度进行一次评比工作，对前几名的改善方案以一个季度的时间分

神圣的殿堂

别实施（企业立项形成项目管理，并给予支持）。待一个季度后进行评估并排名，并给予优秀者物质奖励和通报表扬。

在我们的帮助下，该企业的企业文化就实现了自运营，慢慢地，形成了一种固定的模式。

第三节　企业文化的建设方法

一、明确提倡和反对

（一）认真分析企业文化的整个系统架构

企业的引导文化就是一家企业精心设计的一个模型、一个企业的文化建设系统，这个模型要准确地表达出企业倡导什么、反对什么。企业通过设计好的企业文化模型，将企业的长期发展战略目标表达出来，同时，也要将企业的价值观和核心理念表达出来。为什么企业要将企业文化建设系统设计出来呢？因为只有这样，企业的文化才能够落地，才能符合企业的发展需要，员工才知道自身的价值所在，企业才能给员工归属感、安全感、成就感。这样一来，员工在不断地提升，企业也在不断地提升，企业离不开这些优秀的员工，这些优秀的员工也离不开企业这个优秀的平台。所以，在企业文化中首先要有对"愿景"和"使命"的精确阐述，因为"愿景"和"使命"就是贯穿整个企业文化的精神主题。换句话说，"愿景"和"使命"是企业制定各项战略的依据和目标。还要对企业的精神和作风进行阐述。这样一来，企业文化就赋予了企业生命的特性。企业的精神和作风也是每个员工的精神和作风，可见，企业要想实现心目中的精神和作风，就必须让大多数的员工具备企业需要的精神和作风。

如果说愿景和使命是对企业终极目标的设定，那么，精神和作风就是对企业思想的要求。光有这两项是完全不够的，企业还需要对观念的设定，这样，员工在日常的工作中才能有一个好的心态，才能将工作做到最佳。对企业观念的设定，企业文化就需要细化，首先是针对价值观的细化，然后，是针对企业理念的细化。

总而言之，整个企业文化系统的设定逻辑就是，先制定企业的终极目标，然后，设定企业的思想，再设定企业的观念。这样一来，企业就充满凝聚力、顽强的斗志和战斗力了。

（二）如何设计企业文化模型

不论整个企业文化模型如何设计，都离不开这两点：一、企业提倡什么；二、企业反对什么。下面，我举一个案例供大家参考。

案例分享 27：客户是上帝，要真心服务

在广东佛山有一家生产陶瓷制品的企业，他们建厂时间不长，但发展速度还是比较快的，有很多同行愿意花高价挖他们的高管。奇怪的是，这些高管离开了他们的企业好像就不灵了。

第一次进入这家企业时，我首先看到的一个横幅就是："客户是上帝，要真心服务"。很简短的十个字，但让人却感到很诚恳。该企业的厂房虽然面积不是很大，但设计得却很巧妙，空间利用率很好。我和企业的总

经理及企业的员工们进行沟通的时候，发现这家企业的员工和总经理总是面带笑容，包括在他们的会议上常能听到笑声。于是，我问总经理：今年的市场不错啊，看你们的经营状况很好啊。总经理和我讲，今年的市场压力非常大，已经有很多企业都倒闭了。当谈到企业文化上的时候，总经理告诉我：他们从来没有进行过企业文化建设，所以，他们的企业没有企业文化。就是这么一家企业，却一直是同行学习的对象。我问他企业的核心竞争力是什么。总经理告诉我：他们这个行业的生产技术已经没有什么秘密可言了，他们在技术上是没有什么竞争优势的了。就在我们沟通的过程中，他们的营销经理和技术经理进来，因为他们有一件事情存在冲突，需要总经理来评断。原来，客户发来的技术图纸出现了一个问题，如果按照客户的设计图纸，企业可以完成生产，但是，会影响到产品的质量。技术经理认为：如果对图纸进行一点技术修改，会提升产品的使用质量，但同时也会增加产品的生产成本。所以，技术经理和营销经理商量，不知是否应该将这个信息告诉客户。总经理听后想都没有想，告诉营销经理：立刻和客户联系。他们走后，我和这位总经理继续沟通企业的各项管理问题。总经理非常谦虚地拿出笔记本，将我们交流的一些重要信息都记录下来。过了一会儿，营销经理进来了，告诉总经理：客户就我们的建议和他们的技术人员沟通，认为我们的建议非常好，他们采用了我们的建议，只是他们不愿意在成本上增加投入。因为客户已经将报价折算给他们的客户，由于客户无法修改售价，所以，也就无法增加购买价格，毕竟这个行业属于微利行业。总经理思考了下，让营销经理和技术经理、财务经理一起计算一下成本的增加情况以及是否还有利润。营销人员回答说已经计算过了，利润将减少20%。总经理说："客户也很难，利润还可以。那就对图纸进行技术修改，但还按照原来谈好的价格跟客户合作。"

中午的时候，我们到该企业的食堂里去吃饭，发现他们的食堂虽然不大，但布置得非常温馨。在食堂里，大家都有说有笑。在吃饭的时候，总经理用方言和一名员工交谈。我旁边的一位高管告诉我，有一名女职工的孩子生病了，总经理派车带他们去医院看病。他还说，别看我们的企业小，我们还有自己的幼儿园呢。

对上文案例中的这家企业，我们只能说他们没有将企业文化提炼出来，不能说他们没有企业文化，因为这家企业拥有完美的"家文化"，而且，企业的那句"客户是上帝，要真心服务"说的是实话，很显然，没有忽悠人。

这家企业在现有的规模内如此管理是完全没有问题的了，但是，如果这家企业要扩大，那么，就一定会增加大量的新员工，这样的话，企业就需要将他们在这几年形成的文化发扬光大，同时，还需要对他们的企业文化进行完善。于是，我建议将他们的企业文化提炼出来，并进行系统完善，然后进行推行，我相信这家企业的未来是非常光明的。企业人员少，大家相处的时间长，可以通过相互之间的那种默契来完成企业文化的传播和相互影响；但是，一个企业要想做大，就必须将自己的文化传播开来，让更多的人能够成为企业文化传播的一员。所以，企业应该必须明确地告诉大家：自己提倡什么、反对什么。

（三）对传统文化——"家文化"要尊重

在建立中国的企业文化的过程中，是不能够否定"家文化"的存在的，更不能否定"家文化"对于中华民族的意义，所以，企业中一定或多或少地存在"家文化"。我们在建立企业文化的同时，还要注重对"家文化"的尊重和发扬。

二、对企业文化的提炼和完善

（一）企业文化与企业寿命

世界上的百年企业很少，这是为什么呢？为什么企业的寿命和人的寿命一样如此短暂呢？有人可能要说，那是因为企业生产的产品本身就是有生命周期的，所以，企业就有生命周期。这样的回答有些片面。支撑一家企业存在的不是产品本身，而是利润，是企业是否还在赚钱。当一个行业消亡或即将消亡的时候，企业完全可以改变方向，为什么非要和产品一起消失呢？有人可能会说，企业的创始人不在了，后起之秀没能力挽狂澜。这样的回答也很片面。人只是企业众多资源中最重要的一个，但不是唯一的一个，而且，人应该越来越聪明才对啊，怎么会退步呢？何况，很多企业的创始人还在企业任职，企业的生命力就已经即将枯竭了。有人可能还会说，那是因为创始人没能够急流勇退、让贤于能人，过分地重视自己的成绩而忽略了继续学习，导致一人的失败带来整个企业的没落……

可见，当一个企业的生命受制于产品、受制于人的时候，企业的寿命就一定会像产品和人一样很难超出 100 年这个生命周期。而有一种东西的生命周期是非常长的，那就是文化。当企业的生命与文化绑定的时候，企业的生命就会得到保障。这就是为什么所有百年企业都有着深厚的企业文化的原因了。企业不重视企业文化，就等于不重视企业的未来，就等于不重视企业的寿命。

（二）完善企业文化建设，使其形成系统

既然我们知道了企业文化的生命周期是最长的，那么，如何建立一套可靠的企业文化呢？更重要的是，如何推行这套企业文化？要想做好企业文化，首先，我们要对企业的文化进行提炼，确保企业的一些特有的文化不被埋没，同时，我们还要对企业文化进行完善，因为光提炼是不够的，很多企业的文化是不成系统的，不成系统的文化是没有生命力的。我们要让企业文化形成系统，就需要对其进行完善。当企业文化形成系统后，这时的企业文化就具有了内在的生命力。

（三）《企业文化手册》的编写

对企业文化的提炼和完善是一个制订文化体系的过程。在这一过程中，我们会发现需要收集一些发生在企业里能够弘扬企业文化的真人真事，应该将这些真人真事记录下来，连带其他内容一起做成《企业文化手册》，发给每一个员工，并定期学习。

企业有了自己的《企业文化手册》，就等于有了企业文化学习和深化企业文化的教材，所以，这项工作对企业来讲非常重要。如果我们不对企业的文化进行提炼和系统完善，企业文化就等于没有生命力，没有了精髓，企业文化本身就非常模糊和散乱，最终，我们就无法有效地进行企业文化建设。所以，制订企业文化，就等于让企业文化有了根。

很多企业认为《企业文化手册》应该是一本讲解该企业文化的小本子，里边要有非常深刻的理论逻辑。如果这样想的话，那就大错特错了。因为《企业文化手册》是给全体企业员工看的，不是给那些学者、专家看的，也不是进行社会销售的书籍。如果你经常读书的话，你会发现很多畅销书里讲的都是一些有道理的故事。一个曾经发生的事件是最好的学习资料，要比长篇大论来得有效。所以，《企业文化手册》也一样，就是记录在企业发展过程中发生的那些值得人们学习和效仿的事迹。

在收集和整理有关企业文化的故事的时候，一定要注意对内容的筛选，要让不同的文化故事来表达企业文化的精髓。《企业文化手册》做好后，要定期进行更新，不断地添加有关企业文化的故事。切记：这些故事一定要真实，并且，最好是发生在自己企业内的。还要切记：推出榜样事迹不可以太频繁。很多企业喜欢好大喜功，认为榜样事迹越多，代表企业做得就越好，很显然，这是错误的。因为一旦出现一个榜样人物，这个人的言行就会备受关注。我们知道，人是没有十全十美的，但是，我们往往对榜样人物的要求非常苛刻，所以，企业在选择要进行宣传的榜样的时候，尽量以事件为宣传对象，而不是以哪个人为宣传对象，这样做会好一些。如果哪个人确实做得非常好，也可以让这个人作为大家的学习标兵。此外，一个企业里如果有太多的榜样人物，也需要企业对之进行取舍，不可以宣传过多的事迹。就像天上有一个太阳、一个月亮，还有无数的星星，而真正能够引起人们注意的还是太阳和月亮。所以，榜样不可太多，多了就没有任何标杆意义了。

有些企业为了省些钱，对于编写好的《企业文化手册》不进行大量的印制，只是装订出一本放在某个部门那里。还有的企业将电子文档传给员工看。这都是对企业文化不尊重的表现，自己都不当一回事，还要让员工重视，这是多么地异想天开。所以，一个企业的《企业文化手册》最好进行批量印刷，给每一个员工发一本。企业还要定期组织员工学习，也不需要集体学习，可以进行小组学习，只要人数够三个人或三个人以上就可以组成一个小组。在学习的过程中，大家以讨论的方式进行，有一个主持人即可。这个主持人最好由小组人员轮流产生，如果该小组是新组建的，可以请企业的老员工客串主持学习。

（四）企业文化管理的最高境界

一个企业的总经理如何提升员工的凝聚力，让员工将自己的一生奉献给企业，跟着企业的领导者一起奋斗呢？很多企业家发现了人对物质的欲望，所以，多采取物质激励的方法来换取人们的跟随。但是，现实就是这么残酷，物质激励中一个非常重要的死结就是人类的贪婪。"贪婪"成就了物质激励的功效，同时，也使该激励方法被其所累，因为人的很多需求是无法通过物质来得到满足的，加之人的欲望会不断增加，直到企业无法支付的时候——也就是双方的一切合作到头的时候。也就是说，物质激励只能暂时让员工为企业服务，这对于企业的长期发展是没有任何好处的。所以，一个企业要想永远能够得到员工的拥护，最主要的不是物质激励，而是精神满足。

物质激励和精神满足会带来不同的结果。当一个人认定自己的企业将来一定会做大，这个时候，即使我们的企业很小，他也一定会投入到企业的发展奋斗中去。当一个人认定自己的企业是其他企业的标杆的时候，即使自己企业的规模在行业中还很小，他也一定会昂首挺胸，以成为企业的一员而自豪。当一个人认定企业的总经理是一个可以干大事的人，是一个不仅可以同患难，还可以共富贵的人的时候，这个员工一定会死心塌地地跟随他。当一个人能够得到企业的同等重视和尊重的时候，他为什么不尊重自己的企业，认真地完成本职工作呢？这样的信息如何传达到员工那里呢？仅靠口传心授是绝对不行的，要在企业里形成一种荣辱与共的氛围，让员工把企业当成家，把工作当成自己的事业，这才能达到企业文化管理的最高境界。当员工对企业的文化达到了充分信赖与支持的时候，员工的凝聚力可想而知该有多么高了。

三、企业文化歌曲

音乐不仅可以供我们欣赏，它也是影响人们心情的最佳工具。人们爱听音乐的一个非常重要的原因，可能就是音乐和歌声可以传达到人们的心灵深处，最容易触动人心。

案例分享 28：用企业歌曲提升企业凝聚力

例 1：白云山制药的企业歌曲——《爱心满人间》

青山环抱你，白云环抱你，

我们引来爱的春风，吹拂着你，

青春献给你，人生属于你；

我们誓言厂兴利，求实进取，

辛勤为了你，自豪为了你，

我们酿造爱的雨露，滋养着你，

辉煌属于你，未来属于你；

我们拥抱新的太阳，新的世纪。

例 2：海尔集团的企业歌曲——《海尔之歌》

蓝蓝的天，那一边，心心紧相连；

蓝蓝的海，这一边，真诚到永远。

我们拥有同一个世界，同一个世界；

我们拥有同一个世界，海尔，无私的奉献。

四、企业文化活动

（一）建设企业文化的正确心态

企业文化建设是一项长期性的工作，对于一个企业来讲，需要企业不断地去努力实现企业的文化建设目标。企业文化也不像其他管理工作，一旦导入了马上就会产生什么样的改善效果，它需要企业为此付出充足的精力和耐心。也就是说，企业文化建设只有开始，却永远没有结束的时候。企业在进行企业文化建设的时候，切不可急功近利，那样一来，只能是事倍功半。企业文化就像一个人的内涵，需要的是不断地修炼，没有什么捷径可以帮助企业快速提升企业的文化建设进度，只能通过科学的方法加快企业的文化建设。

一个企业的文化建设需要不断地循序渐进。为了能够让企业的文化建设在不影响企业正常运营的情况下进行，同时，也为了保证企业文化建设的成效，企业在进行文化建设的时候，必须采取多种方法。不可以将文化建设搞成正常工作以外的工作，那样会让员工在进行企业文化建设工作中产生逆反心理。也不可以将企业文化建设工作搞得无声无息，如果那样，人们还是无法感觉到企业对企业文化建设的重视，同时，也无法被企业所倡导的文化所影响。

（二）没有计划的企业文化建设工作是低效的

很多企业在进行企业文化建设的时候，常常停留在宣传工作上，就是说，只是一味地采取文字宣传的方法进行推广，最后，使企业文化建设工作变成了某些员工的工作，而不是整个企业的企业文化建设工作。

在很多大型企业里，我们常常看到他们的企业宣传栏中写着关于企业文化的宣传文字。一些企业家也希望自己的企业能够建立一种好的企业文化，于是，也采用他们的方法进行企业文化建设。这样一来，企业的文化建设工作就可想而知了，一定和那些大企业一样，只是流于表面。也就是我常和企业家们所讲的，很多企业的企业文化宣传只是停留在标语的层面上，更多的不是给自己企业的员工看的，而是给客户看的。

当然，一个企业是要进行企业文化的文字宣传工作的，但是，建设企业文化不仅要进行文字上面的宣传工作，还要进行相应的企业文化管理，这是为了让企业的所有员工都能够参与进来，而不是成为一个旁观者。当一个企业的工作出现了做事者和旁观者时，就一定会出现捣乱者。这样一来，就会出现很多企业管理者们抱怨的现象发生——"一个做事情的，两个捣乱的，还有三个看热闹的。"如果企业文化的建设工作出现这样的情况的话，那么，企业文化的建设就会成为不了了之的一项工作。这也是为什么很多企业管理人员都知道自己的企业存在企业文化的问题，但是，一谈到进行企业文化建设的时候，都会消极地给出很难完成的回答。是啊，企业文化建设就是这样让人头疼，它不像其他的管理工作，方法明确后只要坚持下去就可以了，它不仅需要各种方案，还需要进行战略性的规划。

（三）企业文化建设工作不是空谈，更需要实际行动

一家企业在进行企业文化建设时，要有战略性的规划，制定每一年要完成的目标。这个目标可以通过灵意调查的方法来确立，调查的内容就以企业文化的核心内容为主，或者以与企业文化所抵制事情的发生次数为评判标准。企业文化建设战略只是制定了企业文化建设的目标，对于日常的企业文化建设工作就需要专门的人员进行设计了。建议企业每年根据上一年企业文化的建设情况 制订出本年度企业文化的建设计划。在这个计划中，要以月为单位，进行企业文化方案设计，并有针对性地组织相关的活动。这些活动就是让大家参与进来，让大家感受到企业文化的改变。

（四）企业文化活动策划的方法

案例分享 29：会花钱胜过会赚钱

在湖北有一家生产汽车重要部件的企业，他们非常重视企业文化建设，当然，他们的企业文化也做得不错。他们的经营状况也很好，很多国外品牌汽车都会采用他们的零部件。

我和该企业进行一项企业咨询项目的合作。因为企业的订单不断增加，企业的生产速度根本无法跟上订单增加的速度，于是，我帮这家企业设计生产流程，以提高产量。

当时正是 9 月，正赶上中秋节 也是他们这个行业的旺季，就在这种情况下，他们仍然会拿出三天的时间进行企业文化活动。他们这次活动的主题是《感恩身边的人》。首先，他们请了专业的老师给员工讲了半天关于感恩的课程。然后，给每一位员工发放了由企业印制的物品兑换券——100 元，10 元一张，每人 10 张。企业购买了一些日常使用的物品，例如，食用油、洗衣液之类的东西，员工们可以通过这些兑换券来领取物品。但是，前提条件是在每张兑换券上都写有领取兑换券人的名字，拿兑换券兑换礼品的人，手中所持有的兑换券必须不能是自己的名字，而且，每个人只能兑换一次。这样一来，员工们首先进行兑换

券的互相交换，然后再去兑换礼品。他们兑换的礼品就是他们的中秋节礼品。

该企业还在厂区空旷的地方搞起了游园活动，由各部门出一个节目，然后由各部门组织完成。在游园活动中，员工会得到一些小的纪念品。虽然纪念品不怎么值钱，但是，大家都能够从中得到乐趣。

该企业还分批在食堂组织宴会。虽然在食堂里只是做了一些家常菜，还有模仿酒店做出来的菜肴，但是，人们都能放松下来，玩得非常开心。

最后一天，也就是第三天，企业搞了一台晚会，主要演员是企业内部员工，晚会以感恩为主题。节目结束后，企业发给每个员工两盒月饼，让员工送给自己的父母，感恩父母对他们的养育之恩。

很显然，该企业的这次活动和中秋节结合在一起，搞得是有声有色。

对于很多企业来讲，他们过中秋节的时候，大多都会采取大量发放东西的方法来给员工福利。但这家企业不仅给员工发放了福利，还给员工带来了更多的快乐和满足。首先，他们通过互相送兑换券的方法，让大家明白一个道理，那就是：不论你在企业处于什么样的工作岗位，离开了你身边同事的协助，你可能什么都无法完成。同时，通过这样的方式又拉近了大家的感情，让那些因为工作原因产生的矛盾烟消云散。

该企业搞晚餐聚会不是选择在高档的酒店，而是选择在企业的食堂里进行，这样做除了可以节省出一部分钱来买月饼，让员工带给自己的父母，同时，也让员工找到在家里吃饭的感觉。通过这样的形式，让员工感受到企业不只是他们每天工作的地方，同时，也是他们的家。

最后是搞一台晚会。虽然晚会上也会请到一些当地稍有名气的演员，但是，主要演员还是企业的员工，这样一来，让这次活动达到了自娱自乐的效果。欢乐是每一个人都喜欢的，能够让大多数人都参与进来，企业组织的这种活动就非常有意思。

晚会结束后，企业送给每个员工两盒月饼，让他们送给各自的父母，真可谓是又一次感恩的教育工作。可能会有人讲，企业文化中的感恩和对父母的感恩不一样。案例中的这家企业却不这样认为，他们有三个这样做的原因：第一，一个人对自己的父母都不懂得感恩，说明他根本就不懂得什么叫做感恩，那么，就不存在对企业的感恩了。所以，要先教育员工对父母感恩。第二，员工的父母在得到礼品后一定会教导孩子好好工作，会告诉他们——这是一家可靠的企业。第三，员工的父母一定会到处宣传他们收到了孩子所在的企业给的月饼，这对企业来讲，也是一种宣传。

这家企业的管理人员告诉我，上述这些内容都是事后他们分析出来的。其实，他们真心想送给员工的家属们一些礼物，感谢他们在员工背后默默地支持。企业在做这些之前还请来了一个专门讲感恩的老师来给员工授课半天，我想这应该是一种前奏吧。接下来，他们将"感恩"这一理念成功地通过后面的一系列活动展现给每位员工。这样的活动是成系统的，成系统的东西威力自然很大了。

通过上文的案例，相信大家应该能够理解到活动对于企业文化建设的重要性，企业的高管们或许是能够从文字上理解到企业文化的意义的，但是，如何让员工理解到，并使之能够影响到他们的工作，那就需要用能够触摸到的东西来影响他们，这种成系统的企业文化建设活动就是可以看得到、摸得到的企业文化。

五、企业文化与个人价值

（一）引导员工建立正确的价值观

我们知道，企业文化的建设不仅要通过上文讲过的一些做法让员工都能参与进去，还需要对员工进行价值引导。因为只有当一个人建立了正确的价值观，他才能找到真正有价值的事情去做。企业就是要通过引导的方法来吸引大家，让大家重视企业文化，让大家认识到——学习和不断提升自身的素养，就能使自身的价值得到升华，对企业的发展就能产生更大的作用。

（二）满足员工更大的需求，使其自动自发

要想让员工自愿地提升自身的企业文化素养，不是光靠一些活动和

企业歌曲等就能够实现的。不论再先进的方案都需要人们的配合，尤其需要这种配合是主动的，而且还是全身心的。

美国心理学家马斯洛将人的需求按照从低到高分为五个层次：生理需求、安全需求、社交需求、尊重需求和自我实现需求。对于大多数企业员工来讲，企业满足他们的生理需求和安全需求是没有多大问题的。那么，员工更大的需求就是能够得到认可以及自我价值的体现，如何实现这些呢？那就要给予员工充分的肯定、尊重和话语权。

案例分享 30：有灵魂的企业

在广东有家企业是生产电器的，他们的规模并不大，市场占有率也不高，但是，这家企业却占有了 40% 左右的同类产品市场利润。为什么会这样呢？因为优质订单基本都在这家企业的手里，所以，虽然他们的订单占市场的比例并不多，但是，他们的利润却很高。

该企业的总经理告诉我，他们最大的竞争力不是技术，因为拥有像他们这样高的技术的企业也有很多，他们最大的竞争力是企业文化。因为他们对企业文化进行精准的提炼，并且，请专业的咨询老师帮助他们进行完善，现在大家都非常认真地学习企业文化。他们在每周六的下午下班前，会进行关于企业文化的研讨学习。他们是单周部门内部学习，双周集体学习。他们的学习时间也不长，只有一个半小时，但是，很明显，他们的企业文化建设效果非常好。在重大的问题讨论会上，那些素养高的人说的话很容易受到别人的重视，这些人对自己的要求也就非常高。还有一部分人也希望自己能受到重视，也就自发地努力学习了。而对于那些自甘落后的人，企业自然会将他们淘汰掉。

通过和这位总经理的沟通，我对这家企业产生了非常浓厚的兴趣。于是，我在给他们完成两天的授课后，决定多待一天，继续了解一下他们的企业文化到底是否落到实处了。我在和他们的员工沟通的过程中，发现他们的员工说出来的话境界很高，尤其是谈到企业发展这个问题上的时候，我感觉他们就像专业的咨询老师，把问题讲得非常透彻。而且，我发现他们一个极大的特点——非常喜欢学习，他们的办公桌上基本都放着一些关于企业管理的图书。我问他们，这些书是企业为你们买的吗？他们说，在他们的工资里有 50 元的学习补助，他们通常用这些钱来买书。这样一个充满学习氛围的企业，让我感觉到了满满的正能量。

有灵魂的企业

后记

持续改善——永无止境的奋斗

企业文化建设工作是一项持续不断、没有终点的工作。对于企业文化来讲，只有更好的，没有最好的。所以，企业对于企业文化建设工作不要抱着"可以了"、"差不多了"的想法。

企业文化建设工作不可以好高骛远，虽然企业文化是一个看不到的事物，但是，我们必须有序地对之进行建设。有些企业管理人员认为企业文化制订得越高越好，最好是高不可及。这是错的，因为企业文化内容的制订要结合实际来进行。否则，企业文化本是用来引导我们工作的信条，最后却变成了一个虚伪的谎言。在本书中，我已详细地介绍了一些企业如何根据自己的实际情况实事求是地进行企业文化的设定。

当一家企业有了自己的企业文化以后，就需要对企业文化进行升级，给自己的企业寻找一个更高的山峰来攀登。所以，企业文化建设工作是一个不断循环、持续提升的过程。

讲到这里，有人可能会说，企业文化已经建设好了，企业文化的模式也已经成形了，再进行新的企业文化设定，必定会带来重新开始的连锁反应。这样考虑是没有任何意义的事情，因为企业文化建设工作本身就是一个不断完善的工作，如果说我们已经基本达成了目标，那么，我们就应该马上制订出下一个新的目标。

值得一提的是，不可以让员工对企业文化建设出现痴迷的现象。因为一个人最佳的工作状态，就是保持一个清醒的头脑。过度地进行企业文化教育，会让人们失去心智，最后进入走火入魔的境界。在一个企业的管理过程中，需要建立很多管理系统，企业文化管理系统只是其中之一。不同的管理问题需要不同的管理系统来完成，不可以痴迷于某一套自己做得最好的系统。